生活轻哲学书系

阿兰·德波顿 主编

THE SCHOOL OF LIFE

HOW TO THRIVE IN THE DIGITAL AGE

我们一起坐看云端

〔英〕汤姆·查特菲尔德 著 石世豪 译

人民文学出版社
PEOPLE'S LITERATURE PUBLISHING HOUSE

著作权合同登记号　图字 01-2016-2902

图书在版编目(CIP)数据

我们一起坐看云端/(英)汤姆·查特菲尔德著;石世豪译.—北京:人民文学出版社,2016
("生活轻哲学"书系)
ISBN 978-7-02-011741-3

Ⅰ.①我…　Ⅱ.①汤…　②石…　Ⅲ.①哲学-通俗读物　Ⅳ.①B-49

中国版本图书馆 CIP 数据核字(2016)第 132585 号

责任编辑　卜艳冰　张玉贞
装帧设计　赵　瑾

出版发行　人民文学出版社
社　　址　北京市朝内大街 166 号
邮政编码　100705
网　　址　http://www.rw-cn.com

印　　刷　山东德州新华印务有限责任公司
经　　销　全国新华书店等

字　　数　75 千字
开　　本　890 毫米×1240 毫米　1/32
印　　张　5.75
版　　次　2016 年 8 月北京第 1 版
印　　次　2016 年 8 月第 1 次印刷

书　　号　978-7-02-011741-3
定　　价　29.00 元

如有印装质量问题,请与本社图书销售中心调换。电话:01065233595

我步入林中，是因为我希望慎重地生活，只面对生活的基本事实，并且看看我是否能够学会生活必须教给我的东西，以免临死前，才发现自己未曾活过。我不希望过非生活的生活，因为生活是如此宝贵；我也不希望隐匿修行，除非逼不得已。我想要深入生活，并吸尽生命的精魂……

——亨利·戴维·梭罗《瓦尔登湖》

目录

引言 / 1

第一章 从过去到现在 / 9

第二章 连线与离线 / 25

第三章 获取控制 / 41

第四章 重新塑造科技 / 61

第五章 分享、专业知识，以及权威的终结 / 77

第六章 人性未足 / 97

第七章 游戏与娱乐 / 115

第八章 新型政治 / 135

结语 / 151

延伸阅读 / 159

Notes / 170

Introduction

引言

在我们生活的这个时代，奇迹是如此司空见惯，以至于很难把它们同日常的生活内容区分开来。2011年8月，科技作家、理论家凯文·凯利在博客中写道：

> 我常常说服自己去相信那些不可能的事……20年前，如果有人花钱要我去说服一个受过教育的明理人，让他相信20年后我们可以在个人手持电话设备上，免费查看全世界的街道、卫星地图及许多城市的街景，那我肯定办不到。我找不出什么经济依据来说明为什么这些可以是“免费”的。在那时这绝对是不可能的。

在我们这个时代，不可能的事才刚刚开了个头。呈现在我们眼前的是新的合作和互动形式，与互联网相连的手机越来越多地出现在人们的口袋里，而它们的功能比10年前的大多数计算机都要强大。或许从这一点便可见一斑。而再过10年，数10亿人指尖下的资源，可能是20年前只有政府才能够调动的。

发生这些变化的速度同样是史无前例的。电视机和收音机伴随了我们一个多世纪，印刷术则已经存在了五百多年，但是，从互联网向公众开放到有超过20亿用户，只花了短短20年时间；而从第一个商用移动电话系统的建立，到连接了超过50亿活跃账户，也仅仅用了30年而已。

在未来，这一智能的全球网络所连结的，可能不仅仅是我们彼此，还有我们生活中的种种物件——从汽车、衣服到食物、饮料。通过智能芯片和中央数据库，我们将前所未有地不仅与彼此、还与网络打造的世界紧密相连，与各种网络工具、共享的空间，以及数字世界的行动和反应模式相连。随之而来的，将是有关这个世界的全新的信息、全新的信息量：我们在哪儿？我们在做什么？我们会是什么样子？

那么，我们要如何处理这些信息呢？并且，同样重要的问题是，政府、企业、行为主义者、罪犯、执法者、创造者等其他人又是怎样处理这些信息的呢？知识总是和权力紧密缠绕在一起，然而，在今天，信息和它所赖以流通的基础设施代表的不仅是权力，还代表了一种新型的经济和社会力量。

在智能、社会和法律上，我们比此刻的现实落后了数年甚至数十年。从代际上看，在数字时代“土生土长”的人，

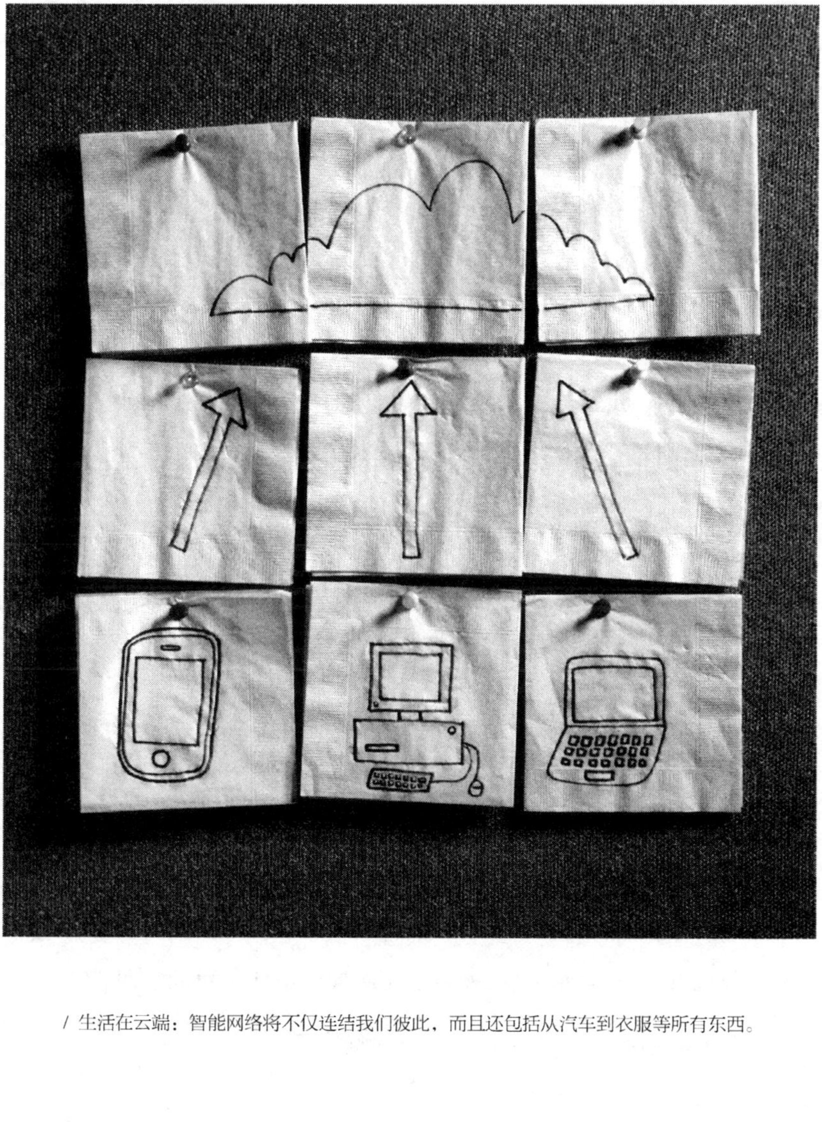

/ 生活在云端：智能网络将不仅连结我们彼此，而且还包括从汽车到衣服等所有东西。

与那些早出生于数字时代的人之间似乎有一道天然的断层，很难有共同的理解以及共享的价值观。

本书将探讨如下问题：对于我们所有人而言，如何不仅仅生活在数字时代，而且还要在数字时代茁壮成长，或者用梭罗的话说，就是要“深入生活”，最大限度地发掘这个时代潜在的可能性。

探索这些可能性就像在探索新的城市或新大陆。我们正涉足的这个世界，人类的本性还是同样的，但形塑它的结构却迥然不同。今天的数字世界并不单单是一个想法、一组工具，或者一台差不多只是用来消遣娱乐的现代化数字设备；对越来越多的人而言，它反而是通向另一个世界的大门。劳动与休闲都根植于此地：在这一舞台上，我们流畅地要弄着友情、媒体、生意、购物、研究、政治、游戏、金融和许多其他东西。

谈到如何“茁壮成长”，我要讲述两个相关的事：首先，作为个人，要如何在数字世界茁壮成长；其次，社会如何帮助我们在这个世界上发掘自己的潜能，并且让我们尽可能与其他人联系起来，成为一个人类的整体。

这两件事的出发点是相同的，都要从数码设备的历史说起。随后我会探讨当前科技进展的核心问题：能够接受或拒绝我们生活中的种种工具，这意味着什么？为了最大程度地实现自我，运用科技或者刻意不去运用科技，这又意味着什么？

我也会讨论那些几乎所有人每天都会面临的挑战（无论我们是否意识得到），比如个人身份认同、隐私、交流、关注，以及所有相关的法规问题。如果这里有一个共同的重点，那就是如何让个人经验融入21世纪的新型集体生活中：真正的“我”与别人对我的了解之间有怎样的关联，我该怎样与别人分享，以及我还能保留多少个人隐私。

本书的第二部分会探讨围绕着这些问题的文化和政治结构，以及一个良好的数字公民应该遵守什么样的“规范”。最后，我将回到那个最为核心的问题：生活在这样一个既可孤芳自赏、又可与他人相连的充满空前可能性的时代，究竟意味着什么？

数字技术的本质与我们的本性一样千变万化，它能在我们生活中扮演许多角色，如：引导者、图书馆、朋友、引诱者、慰藉或监狱。然而，从根本上讲，所有这些也是一面面不同的镜子，从中我们有机会以未曾有过的方式打量彼此和自己。当然，我们也可以对它视而不见。

From Past to Present

第一章　从过去到现在

一

概括地说，人类与数字技术之间的互动是一个越来越亲密的过程：在半个世纪里，这种惊人的新工具，就这样被整合进入了几十亿人的生活中心。

20世纪40年代，人类开发了第一代电子数字计算机。它们体型巨大，且复杂得令人生畏，由一群世界上最聪明的人设计和操作——比如像艾伦·图灵这样的先驱者，他的理论和实践在二战中帮助英国破译了德国的密码。

下一代计算机，即大型电脑主机，出现于50年代末。大型主机主要用于学术和军事机构，它仍然有整个房间那么大，并且只有专家们会操作——它所输入的是高度抽象的指令，而它所输出的东西，对不熟悉计算机科学的人而言毫无意义。

到了70年代，随着微处理器的出现，一切开始发生改变，计算机第一次进入普通人的家庭，而并非只存在于实验室里。据说IBM总裁托马斯·沃森曾在1943年说过这样的“名言”：“我觉得全球市场大概只需要5台计算机。”不管他有没有这么说过（包括维基百科在内的权威称“缺乏证据”证明他曾这么说过），当1971年世界上第一台个人电脑面市时，没有人想得到这种机器在美国国内市场会远远不止几千个电脑迷来买。

然而，“计算”证明了它的吸引力远远超过了任何最有远见的研究者的设想。到20世纪70年代末，苹果（Apple）、康懋达（Commodore）和坦迪（Tandy）公司开发的新产品已经售出了几十万台。数字革命就此展开。

而这也仅仅是人类与数字之间的互动逐渐稳定整合的开始。自70年代以来，计算机已经变得功能更强大，连结更紧密，使用也更方便。我们今天使用的电脑，要比第一代家用机型功能强大几万倍，价格便宜几十倍，而且便捷得不知多少倍。

然而，比功能更重要的，是这些机器所提供的“体验”。在这方面，巨大的变革才刚刚开始。因为个人计算——家里的台式机或者装在包里的手提电脑——正逐渐被另外的一些东西取代：手里的智能手机或者桌上的平板电脑，可以随时开机，随时上网。

我相信，我们正逐渐由个人计算转向也许可以称之为“亲密计算”，这意味着数字技术与生活之间的整合将达到全新的水平。在咖啡店和客厅，人们曾经花在伴侣或者宠物的时间和精力，如今都花费在了个人数字设备上。对于所谓的数字原住民而言，手机常常是早晨起床后拿起的第一样东西，以及晚上睡觉前放下的最后一样东西。

二

我们使用科技，但科技同时也改变着我们，正如加拿大传媒研究先驱麦克卢汉所说："我们塑造了工具，然后这些工具又塑造了我们。"从早期的农业到冷藏技术，科技使我们不再依赖于每日的狩猎和采集，借此帮助我们建立了城市和文明。交通技术改变了我们的移动能力，也由此改变了我们与时空的关系。我们是科技的生物，天性就会改善自我和世界，不断超越，不断适应。

自从五千多年前发明了书写，世界就被美国社会学家丹尼尔·贝尔所说的"智能科技"改变了。就像用武器和衣物来增强身体的力量一样，科技使我们得以增进我们的思维。从地图到电影，我们制造了许多工具来增进对世界的了解，加强学习和交流的能力，并使我们能够传递知识和灵感。

/ 多亏有了书写这样的智能科技，我们才得以在几千年来增进思维。

但即使在这些科技中，数字计算机也是独一无二的。正如艾伦·图灵在20世纪30年代所预见的，在他对“通用图灵机”（一种可以计算任何能够求解的函数的机器）的设想中，计算机是第一个真正通用的媒介，其应用几乎具有无限的灵活性。

从文字到图像再到电影，计算机能够模拟所有其他的媒体。只要安装了正确的软件，它能任意再现声音、影像、图片和文本，并且与传统方式相比，以最小的成本和最少的时间予以发送和接收。有史以来第一次，我们所有的媒体和通信需求——其实是我们生活中的全部智能科技——都能够通过某个单独的整合系统得到满足。

如果愿意，我还是可以去电影院看电影，就像我也能点开电视频道看电视，拿起书本阅读，或者用CD机听音乐。然而，无论是哪一种情况，这些行为都不是绝对必要的了。因为我拥有了一台联网的数字设备，于是整个世界的音乐、文字和图像就都在我的指尖。无论是在家里还是在路上，我都可以随时看到最新一集的《犯罪现场调查之迈阿密》《白鲸》，或者数不清的关于猫的影片。我也可以获得许多互动服务——从游戏

/ 内宇宙空间：现在网上的网页总数要比银河系的星星还多。

到网上购物——而这些都是其他任何媒介都不曾提供的。

通过科技，我们获得了从未有过的掌控力。支撑这种掌控力的，是信息自身这种毫无重量的、可以无限再生的结构——从那些0和1的电荷出发，“数字”一词的无限可能性由此延伸。

纵观历史，各种能强化思维力量的科技，总是受制于物理现实。在印刷术发明以前，生产一本书需要花费专业手工艺人几百小时的劳动。即便有了印刷机，纸张的成本和书本的大小也限制了书写下来的文字所能够发挥的效用。录音技术，在它出现的第一个世纪里，被局限在蜡或乙烯树脂之类可用于蚀刻的材质上。电影和摄影则依赖于昂贵而有限的物质材料——易损、易燃并需要精心准备的胶卷。

现在，所有这些限制都被一扫而光。在写作本书的2011年末，据估计，每分钟就有大约长达一小时的视频片段上传到网络。我们已经习惯了“信息泛滥”。其实信息消化不完的情况仍在加剧，全球数字信息的总量呈现指数化的上升。

2008年，全世界的网络上大约有10000亿网页。3年以后，再去估算这个数字已没有多大意义，可以肯定页面已经达到了许多万亿。在印刷术发明以后的这500年间，如果算上每一种语言和每一个版本，全世界大约出版了1000亿本书。现在不消一个月，上传到网上的内容就已经超过这个总和了。

最重要的是，数字设备不仅可以显示和复制信息，还能“激活”这些信息，将生命的气息注入字节和算法中。在给电脑编程的时候，我们不只是像写一本书、画一幅画或者绘制一张地图那样创造一个客体，而是在设置一个活动的系统，让别人探索它，与它互动。我们是在建构另一个世界。

这也许正是我们这个时代最为核心的奇迹——也是最能够解释人类为什么把精力、注意力、情感、经济活动和创造力向数字科技持续转移的原因。就像城市在过去的几百年里像磁铁一般吸引了世界上许多人口一样，数字王国也正吸引着人们来探索其种种可能性——与许多仅是真实的体验相比，这种数字虚拟体验反而要深刻得多。

三

如果想与科技相处融洽，我们就必须知道，重要的不是我们所用的个人设备，而是我们用它们来“干什么”。数字媒体是思维的科技，也是体验的科技，如果我们想在科技的陪伴下茁壮成长，那么要学的第一课就是：如果期待对科技有所理解，那就不要以抽象的方式来谈论科技，而是从它们给我们带来的体验出发。

想想我自己日常的数字体验，平均每天我会发送和接收几条短信，读取、发送 20 到 30 封电子邮件，上一会儿推特（Tweet），在电脑屏幕前待 2 到 12 小时，在线阅读、写作和与别人互动。

写到这里，我心里的问题可能和你一样：这 2 到 12 个小时到哪儿去了？我可以七零八碎地列出一些来，其中最简单的办法就是以文章与书籍的字数来换算。但老实说，对这个问题我除了确实“不知道”怎么回答之外，把这些活动片段标上“社交网络”、“博客”或者“网络游戏”的标签来统计也没什么意义。这么做就像说我每天花两小时“翻页”来描述我的阅读习惯一样。在这两种情形中，体验的重要性都被忽略了。

当阅读一本实体书的时候，只要知道我读的内容，读了多久，你就会知道我的阅读体验的本质。可即便我必须决定书本对“我”的意义，但我读的这本书和别人读的并无不同，并且读的方式也很可能是同样的从头读到尾。读书的时候，我不会随自己高兴而随意跳读——而这恰恰是在使用 Facebook 这样的服务时会发生的事。

不仅如此，在上 Facebook 的时候，我不是独自一个人。我进入了一个公共空间，每时每刻都在回应着周围的人和事物。我可以更新我的状态，访问几个朋友的链接，然后发现自己已经被拖进一场关于某本书或某部电影的讨论，抑或是争辩起彻夜狂欢的种种好处。我很可能会再点击其他地方的许多链接，同时浏览几个别的网站，查看电子邮件，听着歌或者电台脱口秀。

就这样过了一个小时后，只说“我在上 Facebook”，其实无法反映出我这段体验的本质或质量。这里需要指出的是与这段际遇和互动息息相关的感受、动机，以及对其真实性的体认，这些虽然发生在非真实的情境，但对我来说，真实性丝毫没有消减。在网上的这一个小时里，我几乎一定会与很多人分享新闻和观点——而我对这些经历的感受，很可能会令我在这一天接下来的时间里心情愉快。

这不是说网上的我和现实中的我是同样的。但是评价我这些体验的最佳标准，应该和大多数其他社会体验及互动的判断标准一致：比如我在多大程度上愿意努力去学习或交流；我跟别人是怎样的情感联系方式；我跟别人的互动又是怎样丰富自己的生活。

在数字世界中，某些回报往往来得更容易。但在网上获得的满足却常常并非我们真正的需求，尽管这两者获得的速度都变得更快了。与身处实际环境相比，去除了肉身在网络中穿行，我们享有了更多的便利。我们更容易为他人着想、心胸开放，也更容易欺骗他人、伤害他人——忽略了屏幕后面每个实实在在的人，我们可以为所欲为。

在这个意义上，科技就像是我们本性的放大器——我们的本性有各种可能性，在最糟糕的情况下，会有将他人物化的危险，因为我们可以像对待物品一样，任意决定是否关注还是漠视他人，并且对他们无须尊重或真诚。在复杂环境的掩盖下，我们更是冒着人与人彼此日渐疏离、逐渐无法自省的风险。

但是过去30年来网络活动所显示出的迹象，并不只有将人物化和轻易的自我取乐。观察2011年数字世界的景象，我发现数字世界这个舞台极力令公共空间更具深度，不计代价地想要更个人化、更人性化。除此之外，该怎么解释我们如此愿意生活中的数字方面变得更加复杂、更加人性呢？

四

在网上，个人的人际联系和意外新发现是最重要的；而正是这些体验将形塑出科技的未来。未来世界上每个人运用科技的熟悉程度，都会像今天最年轻的一代，虽然这一场景仍然很难想象，但是到那时候，各种距离的概念与今天的一定会有很大不同，那时候，家人、朋友、年轻人和老人之间的互动，将跨越地理和代际的区隔，变得更自由、更频繁。

在很多方面，正是那些老人、社会弱势群体以及其他传统上遭到排斥的人，从新技术的不断崛起中受益最多。没有数字科技，祖父祖母可能很少有机会见到他们的孙子孙女；对那些身处发展中国家、基础设施薄弱、受到贫穷及政治限制的人们而言，联系别处的家人、朋友和同龄人，可能会让他们的生活质量大为不同。

尤其重要的是，今天的数字领域，正因为各种人性经验和价值观的涌入而不断茁壮成长。仅仅在Facebook上线的5年里，就已有超过7.5亿人上传了许多自己最私密的一面。游戏和其他社交网站中的虚拟化身和第二自我，不只能让人暂时逃离现实，更提供了一条接触他人、建立新的人际关系的途径。流言、谎话和憎恨在网上大量存在——但是全新形式的信任也一样随处可见，从数十亿在eBay交易商品的陌生人，到阿里巴巴这个允许超过6000万人做小生意、以满足各自技能和需求的网站，都可以发现它的存在。

这是一个令人目眩神迷的漩涡，有时也让人感到深深的不安。但进入这些新的空间，获得这些体验的，仍然是“我们”，带着我们所有的人性。长期以来，我们对情感、概念和价值观已经形成了一套根深蒂固的词汇，也只有通过这些词汇来描述这些体验，我们才最有希望在现代“深入生活”，也才能了解，科技在未来将如何更贴近地定义我们。

Wired and Unwired Time

第二章　连线与离线

一

1921年8月刊的美国杂志《无线时代》(*The Wireless Age*)用了11页的篇幅，扣人心弦地描述了一场被称为“世纪之战”的拳击比赛。这是一个月前在泽西市进行的世界重量级拳王争霸赛，美国拳手、绰号“马纳沙大槌子”的杰克·登普西在第四回合击败了来自法国的挑战者乔治·卡朋特。

对于体育运动而言，这是一个大日子，比赛的门票收入超过了100万美元。但这并非《无线时代》对此事件投入高度关注的原因。1921年7月2日对于广播而言也是历史性的一天，因为这是第一次，通过实况转播参与赛事的听众人数超过了亲临现场的观众人数。9万人挤在泽西市体育馆里，但据该杂志估计，“很多很多，不少于30万人，抱着紧张而热切的心情”从场馆外参与了这场比赛。

他们之所以能做到如此，要归功于这样一个设备：它实际上是把一台电话用长途电缆连接到当时建成的最庞大的无线电天线之一——竖立在新泽西州霍博肯市埃利雷卡瓦纳火车总

/ 多亏了无线电爱好者协会，1921 年登普西与卡朋特的对决成为媒体史上的大突破。

14.

站上高680英尺的天线。线路的另一端是兴奋的播报员安德鲁·怀特——他时任国家无线电爱好者协会代理主席——由他现场播报拳击场上的情形。《无线时代》多少有点尴尬地指出，在最后一刻计划有了一点变动，怀特的播报其实得由在火车站的另一名播报员转述，因此在电波中驰骋的是这名播报员的声音。

该杂志充分意识到了这次广播创立的先例所具有的影响力，称它开创了“一项纪录……并引领了一个新的时代。因为当全世界的目光都在等待着通过由来已久的印刷文字来描述这一赛事时——广播却用声音把故事讲完了！满心期待的公众，通过耳朵听到细节，一场世界性的比赛即刻被‘描画’出来……激发人们种种惊心动魄、无边无际的想象力。对未来的预测现在成为一个愉悦、刺激、具有无限可能性的主题”。

不到一个世纪后的今天，可以肯定地说，即使是当时最异想天开的揣测，都已经被超越了。现在，超过20亿人与网络联结着，并且通过手机彼此联结的人数更高达40亿以上了。新闻和体育赛事的直播观众人数经常达到几亿人。今天，超过半数的人总是以某种形式与世界保持着“实况”联结。

这些数据令人瞠目。但是与这些变化相比，几乎没有人注意到，就在21世纪的第一个10年里，我们已经跨越另一道分水岭：从此重要的不是人数，而是时间。

1999年，恺撒家庭基金会对2000多名8到18岁之间的美国人做了一项调查。调查结果显示，这个年龄段的受访者每天使用媒体的时间大约为6小时20分钟。报告指出，年轻人的生活已接近“饱和”——也就是说，使用媒体的时间几乎不可能再增加了。

当时看起来，人们在每天清醒的时间里可能花费在媒体上的时间，似乎已经逼近极限了——2004年，该基金会对同一年龄段的人群进行了同样的调查，发现每天花在媒体上的时间总共只增加了两分钟。

然而，当该基金会在2009年再次做相同的调查时，却惊讶地发现，8到18岁的青少年每天使用媒体的总时间竟然增加了20%，大约为7小时40分钟。如果算上同时使用多台设备的时间，每天花费在媒体上的时间就要高达10小时45分钟左右。

这是个惊人的发现。考虑到年轻人每天晚上需要 8 到 9 小时的睡眠，2009 年的这个数据显示，人们使用媒体的时间已经超过一半的清醒时间——甚至这还不包括休闲娱乐之外、为学业需求而使用媒体的时间。就像过去的半个世纪一样，电视仍然居领先地位，每天看电视的时间平均超过 3 小时 40 分钟。但近来最重要的趋势，是用 iPhone 这样的设备开始逐渐取代其他新旧媒体，通过这些设备，可以在校车上看下载的电视节目，一边听音乐、收邮件，一边接收短信、查看 Facebook。

仅仅不到 5 年，媒体就从居家休闲转变成更具有意义的某种形式：它不再占据我们的日常生活，而是完全融入了我们的生活。2010 年 11 月，伦敦 POLIS 资料库公司发布的类似的媒体报告指出，现在，发达国家的大多数年轻人会随时随地地使用智能手机和平板电脑之类的设备，方便地获得自己想要的歌曲、视频、游戏、应用程序和社交媒体服务。

与现在相比，行为模式瓦解的速度，即使是在电台广播兴起的 1920 年代和电视兴起的 1950 年代也难以望其项背。而在我看来，这一切中最重要的发展，是这些变化怎样与另外不同的生活形态相关：不仅仅只是与我们的生活习惯有关，更关乎我们怎么看待“清醒时间”。

今天，有史以来第一次，我们真的可以说：许多人的日常生活至少与某一种个性化形式的媒体紧密相连。不到一个世纪以前，电台广播的现场连线都几近被视为奇迹，而现在，在我们意识清醒的大多数时间里，我们都以自己特有的方式与整个世界紧密相连。

随之而来的是一个最为显而易见的实际问题：接下来会发生什么？就短期而言，媒体的使用可能会花费更多的时间，发生在更多的地方，也更加频繁。然而，如果我们想自我能够长久地茁壮成长，我相信这些趋势意味着，我们必须开始以新的方式来思考生活中的不同时段。

远离数字媒体的生活不仅不再是我们正常的生活形态，而且如果我们没有刻意去做，就享受不到没有数字媒体的时间。想想在多数火车上都能找到的“安静车厢”的标识，还有那些在博物馆、饭店和其他公共场所要求人们关闭手机的指示牌。这些标识明白无误地显示了我们这个时代的特征——除非特别要求，否则摆脱不了数字设备。

如果我们打算最大限度地兼顾彼此和自己周围的世界，就必须意识到现在我们有两种完全不同的生活形态：连线状态和离线状态。简单地反对其中任何一种都毫无益处，因为它们各自代表了不同的思考和行动的可能性。相反，我们一定要问——还要教导我们的孩子去问——它们各自最有利于我们哪些方面的任务和生活。并且，我们必须找到有效的方法，把这两者构筑在我们的生活之中。

二

连线生活的大量好处很容易列举。接入网络，我们就能接触到世界的核心，并且有了速度和广度；我们能在几分钟内搜索和参考人类积聚起来的知识——还有传闻和意见；转瞬之间，我们就能与成千上万的其他人取得联系。我们有着神一般的能力，并且越来越善于使用这种能力。

想想看，通过浏览维基百科或者搜索谷歌所扫描的全球公版图书，短短几分钟之内就能得到多少信息！仅仅半个世纪之前，就连最异想天开的学者也想象不到这样的广度和速度，但现在几乎所有人都能轻易做到。我们与半个世纪之前的距离，已经像当时的读者与古登堡之前的时代——那时只有精英才能够拥有和阅读书籍——之间的距离那样遥远了。

然而，一旦与媒体的“实时连线”中断，我们的原创力和严谨性便会发挥不同且原始的作用：主动地作出选择，付诸行动；思考时不用担心重复了别人，也不会常常觉得身边有人。我们能够以完全异于连线状态的方式，做到自己独处，或者与人和睦相处。

这在个人和专业领域同样适用。2011 年 2 月，我与作家莱昂内尔·施赖弗一起在伦敦经济学院演讲，讨论新科技对写作和思考的冲击。她描述了自己“在众人的围观下”的写作体验——就是说，在写作的同时，网上读者可以即时回应，并且这种回应难以被忽视，这种压力会造成挑剔自己，或者让自己试图取悦读者。“我发现，”她说，“我需要保护自己免受他人观点的影响。”她还说到有一次她丈夫在她背后看她写报纸专栏时的场景。“你不能这么写，”他忽然说道，“你看看上次他们在网上是什么反应吧。”

想要保护我们自己，首先就一定要搞清楚这个值得保护的“自己”是个什么概念。本书将花很大的篇幅来讨论现代科技带给集体思维和行动的非凡的进步。但从未如此清楚的是，我们在生活中也需要自己独立思考的时间，排除种种干扰，也不需要别人的即时回应，即使是我们最关心的人也不例外。同样清楚的是，如果我们不认真地保护和掌控这种独立思考的时间，科技就可能把它从我们手中夺走。

在如今即时连线的时代，我们自问的核心问题已经从“你是谁”变成了“你在干什么”，虽然我们如此渴望连线，但如果我们想茁壮成长，就需要保持克制，用不着令自己始终在“实况转播”。在生活中，我们需要“现在时”以外的其他时态——其他性质的时间。

在2010年3月“西南偏南”（South by Southwest）大会的演讲中，电脑科学家杰伦·拉尼尔精妙地阐释了这一点。在演讲中，他要求听众除了聆听以外不要做任何事。“请大家不要一心多用，最重要的原因并非希望得到大家的尊重，”拉尼尔解释道，“而是要让大家活在当下。如果你先听，然后做笔记，那么无论你写的是什么，它们都会经过大脑的思考和选择，并且是你所认同的。正是这样令你真正存在……”

正如拉尼尔请求观众给予半小时“不插电”的关注时间，

在我们的生活中要想有一段离线的时间，并不意味着搬到山间小屋离群索居，或者宣布一辈子不再使用电子邮件——尽管对许多有钱人而言，“断线休假”已成为一种时尚。相反，这种断线时间应成为我们日常生活的一部分，这样对我们的好处更大，比如决定某个早上不再收发电子邮件，在会议和用餐期间关闭手机，安排几天或几小时不再上网，或者亲自与别人见面，而不是通过几十封邮件往来。

与很多现代人一样，我也越来越试图在日常生活增加断线的时间：我会关闭所有的数字设备，或者刻意不把它们带在身边。我也发现，由于持续交流和获取联系的便捷，亲自会面反而变得更为重要了。在21世纪初期，科技会议似乎常常是这个样子：一群最具远见的与会者，从头到尾都在忙碌地使用手机和笔记本电脑。今天，尽管任何科技盛会或多或少都离不开推特的即时播报，但演讲者和主持人提出拉尼尔式的要求——“先听再写”的原则——也已经变得十分普遍。某种意义上说，以前的保守已经成为新的流行。

这样的建议和趋势就其本身而言，还成不了什么气候。但它们开启了使用数字科技的态度：数字科技只是生活的一个角色，而并非时时刻刻都必然的存在。

由于新媒体惊人的信息力量，时间成为我们空前珍贵的资源。唯有时间，是世界上的任何科技都无法多变出分毫的——而对它的体验，却可能受到科技的威胁，变成政治理论家弗雷德里克·詹姆逊所说的“刹那永恒”，如此一来，社会本身将失去“维系原样的能力”。

对许多人而言，现在随处可得的信息令他们越来越紧张、焦虑，并且产生失控的感觉。我相信，无论是社会还是个人，我们都还没有失去抗拒和适应对时间体验的转变的能力；下一章，我会进一步探讨相关的看法和改变。不过，最重要的是，一切的努力都应该以这样的认识作为起点——倘若我们对接受或拒绝科技无能为力，那么我们就有令奇迹变为陷阱的危险。

/ 唯有时间，是世界上的任何科技都无法多变出分毫的。

Taking Control

第三章　获取控制

一

甚至就在10年前都很少有人能够预言，对于智能手机、无所不在的互联网和平板电脑而言，文字短信将成为其核心的文化。尼尔森公司对美国超过60000份移动电话用户账单和对超过3000名独立消费者调查发现，美国青少年在2010年平均每月收发了3339条短信——其中13到17岁之间少女收发的短信数最多，平均每月超过4000条。算下来就是每天大约113条短信：也就是除去睡眠时间，每小时就有超过7条短信。

上一章我们讨论了数字媒体是如何令人吃惊地充塞许多人的生活。随之而来的不只是令生活更加复杂，还带来了一种“简化”的压力——即规范我们身边无尽的信息流。在这方面，对如今信息泛滥的时代而言，文本短信是迄今为止发展出的最完美的工具之一，因为几乎再也没有别的数码互动形式，要比只含有数字和文字的短信更简单的了。发送者可以随心所欲地撰写、编辑和重写，发送出去的短信丝毫不会显露出在写的过程中的痕迹：看不出其中的犹豫、笔误、无意的言外之意或者受到的干扰。它既是即时的，又是不同步的，它既想受到别人的关注，但又不会强人所难。通过短信沟通信息的人，几乎不会感受到压力。

短信的重要性代表了一个很容易被忽视的事实：科技在理论上的种种可能性最终也许不如便利性和控制度来得重要。这里面可能还要注意一点，那就是我们对便利性的追求可能会以牺牲控制度为代价，这么一来，我们对自己和别人只能要求最低限度的互动。

在乔治·克鲁尼2011年的政治电影《总统杀局》中，总统竞选团队有对男女想亲热一番，却不断地被突发新闻、黑莓手机的响声和电子邮件打断。这是我们这个时代才有的笑话——并且这种情况越来越不只发生在有权势的政治工作者身上。就像各种各样的数据更新一样，那些接踵而来的上千条短信，丝毫不体谅我们有时希望自己的生活不受打扰的愿望。就像影片中克鲁尼手下的政治动物那样，我们可能发现我们已经把对各种设备的“需求”看得比自己还重要。

前面我已经说过，重要的是要把连线时间和离线时间视作生活中两种不同的资源。不过这说起来容易，做起来却很

/ 对我们的心智来说，多重任务绝非那么容易做到。你能同时把注意力集中在花瓶和两张人脸上吗？

难。然而针对不同的生活方式设立不同的时间，这在很多层面上都是至关重要的。除了与媒体断线，还要区分两个相当不同的命题——什么是使用科技系统的最佳方式，什么又是最好的生活方式。比如说最能代表我们时代的一个词，那就是“多重任务”。这个词暗含了一系列支撑着现代生活的假设——假设科技最大的好处就是让我们有能力同时处理几种不同的任务，并且多亏了科技，我们得以最佳、最有效率地把多项不同的活动编排在一起。

2007 年 3 月，这一假设成为了《纽约时报》一篇文章的主题。文章的标题是《勇敢的多重任务者，慢一点吧，并且不要在开车时读这篇文章》，直接表明了它的主旨。文章转述了大卫·梅耶——密歇根大学大脑、认知和行为实验室主任、认知科学家——的忠告，给出了一项十分明确的结论。当从事并非细枝末节的任何工作时，“多重任务会拖慢你的速度，增加犯错的可能性……从我们处理信息的能力来看，干扰和中断可不是什么好事”。

这篇文章指出，事实上，多重任务这个概念本身就是一个误区——这一结论得到了心理学家、神经科学家和社会学家前前后后大量研究的支持。与机器不同，我们人类无法轻易地让注意力在多种复杂的任务之间并行。相反，我们是把注意力在各项任务之间快速地切换，这并非做到同时的一心多用，而是在持续地分散注意力。

如果只是处理短信和电子邮件，那么大多数时候我们还能应付得过来。但是，当我们要处理需要长时间集中精力的事务，我们总体的表现就会迅速下滑。举例来说，根据微软的内部研究，在回复邮件或短信之后，员工平均需要花费 15 分钟才能回到“严肃的脑力工作”。一旦被打断，员工就往往会心不在焉，转而去处理其他短信，或者去浏览网页。

早在 1998 年，美国作家琳达·斯通创造了“持续性部分关注”一词，意思是很肤浅地同时追踪多个来源的信息。相比多重任务而言，这个浮于表面、注意力漂移的概念也许更确切地刻画了我们许多人在大多数时候的状态：我们的注意力只是在多项任务之间扫来扫去，但对其中的任何一项，我们都没能投入该项“任务”所需要的完整的注意力。

在某些情况下，密切关注多种信息来源是非常有效的：比如搜索数据，追踪正在展开的事件，协调一组人员，或者只是为了寻找灵感或娱乐而随意浏览。它是信息泛滥生活中的必备技能。但是，当你遇到一个需要全神贯注的复杂想法时，这又是另外一回事了，有时你必须令自己专注于当下，包括你身边的人和物。

举例来说，当我坐在火车上查看电子邮件、发短信、上推特和听音乐的时候，我既身在此处，心思却可能在别处。与我手中屏幕上发生的事相比，身边的世界和人们都是次要的。我的注意力不只是在别处，还会在不同的地点之间转换。

围绕这种“部分关注”，浮现出了新的公共礼仪。只要戴上耳机，发短信或与别人音频抑或拍摄周围的景象，你就扮演了数字生活中一位自给自足的公民，通过数字设备沟通的音频、视频和随时在线的网友，令你不再限制于单调沉闷的现实世界。

我们尊重这种事情，因为这是现代生活逻辑的一部分：因为我们永远不会脱离与别人的联系，于是隔离也就成为必要的对应物。时不时地隔离一下是很重要的。但是，暂时的隔离有可能演变成永恒的隔离，这就引出几个重要的问题：我们究竟该得到别人怎样的关注？反过来，我们又该给予别人怎样的关注？如果我们想要真正地做自己，那么什么类型的关注是我们应该要有，或者必须要有的呢？

二

这些问题不只是关涉我们想同时进行多种行为，也关涉我们准备让多少数字科技进入我们的生活，也就是说，随着我们的生活内容有越来越多的方面（不仅仅是通信）可以交给数字科技来处理，那么在多大程度上我们愿意这么做？

就拿记忆来说。数字设备的“记忆”是指一系列经过信息编码的二进制数字。今天，一台现代电脑的记忆容量虽然有限，但在不断扩大，平均记忆量达到了几十亿数字比特，足以存下数座图书馆的藏书，几百万张图片，或者时长达几周的电影。

这种数字数据的存储，在某些方面要优于人类的记忆。无论存储的是什么东西，电脑的记忆都能提供完整、可靠、客观的记录。它们不会出错或者因时间而消逝。它们几乎可以毫无缺损地被分享、复制无限次，或者在必要时准确无误地被删除。它们能被完整地建立索引并且快速查找。它们还

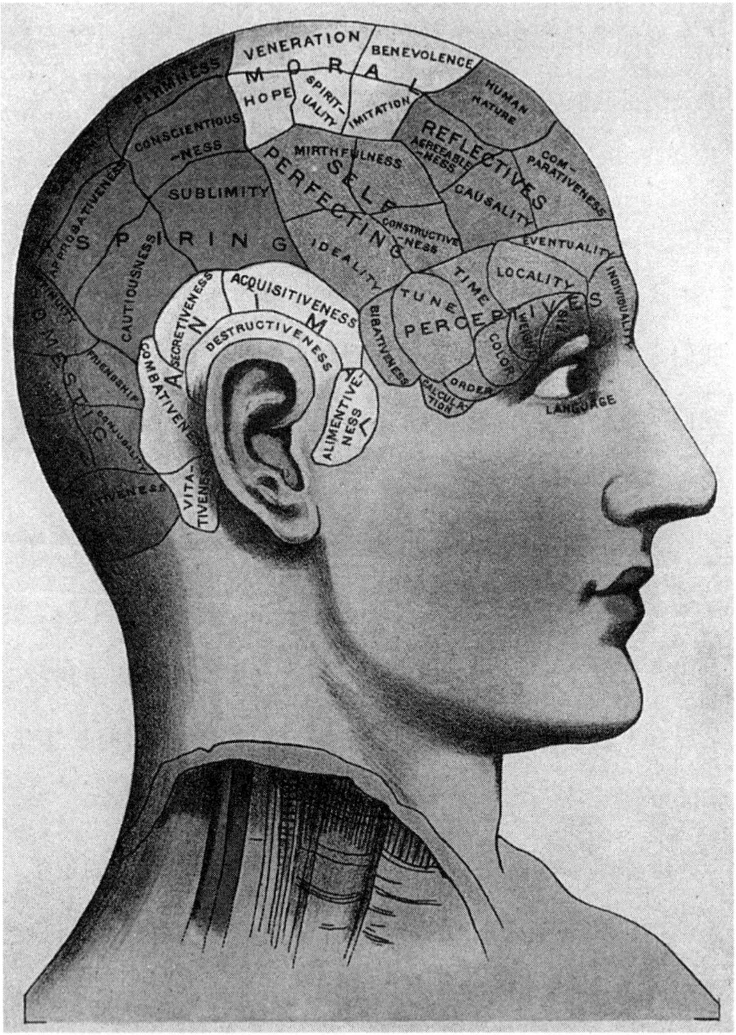

/ 尽管维多利亚时代的科学家对此怀有美好期待，但人类的思维不能像机器那样分成不同的区间。

能远端存取，在不到一秒的时间里传送到世界各地，并且内容还能不断地重新混合、增加或者更新。

从电脑的标准来看，人类的记忆要差劲得多，而且越来越多的人也以电脑的标准来评判人类的心智了。可以预见，我们将发现某一天人类的心智将不再够用甚至不再需要。从电话号码、照片到文档、日记，我们把越来越多的对生活至关重要的记忆保存在机器里：这些原始信息包含了各种情感的时刻，以及与家人、朋友亲密的交流。

在我这个年纪，许多朋友刚刚有了第一个孩子。而我意识到，这个故事用我的手机来说要更清楚。浏览一下最近几年保存的短信，我就能找到6条朋友新生孩子的喜讯，而且常常是在孩子刚生下来几小时甚至几分钟就发过来的。这些短信都很类似，就好像是照着模板写的，内容包括新生儿的全名、出生时间、体重，再附有一张照片。

收到这样的短信当然让人高兴。但翻阅这些短信，也立刻让我有些不安，因为我知道自己为什么要保留这些短信，如果没有它们，我几乎记不起大多数密友第一个孩子的名字或生日。那些短信我都已经回复，有时候也送送贺卡或者礼物，但接着就把整件事抛到脑后了。尽管后续有博客、Facebook 的照片和网上近况的更新，但这些新生儿似乎很少真正停留在我的脑海里。

我“记得”这些孩子的名字，就和我“知道”手机上的那些电话号码一样——我只是拥有相关的信息而已。把信息保存在一个几乎总是装在口袋里的设备里，对我来说是很合理的做法。但是简单地把它说成是“记忆”，就有可能从根本上对人类记忆产生误解。记忆对于个人、对于回忆，都有着特殊的意义，这是最复杂精密的设备也无法取代的。

就算是最全面的数据库也有所不足，比如每个人都认为理所当然的东西，那就是“故事”。我们是自然本性的产物，但也是生命中那些独一无二的令我们重塑的经验的产物。也许我们能够辨别大脑中负责长期和短期记忆的部分，但在那里并不存在机器式简单的记忆模块。

的确，并没有外在于想法、感情和个性的人类记忆。我们所经历的、所做的和所学的，都会成为我们的一部分。我们把各种各样的事件、人物和想法内化；我们会反省、改变主意，也会记错东西，持续的过去成就了今天的自己。就如同我们不能把自己的感受或者信仰交给外部设备来处理，我们真正的记忆也无法与“我们自身”分离。

正如作家尼古拉斯·卡尔在他2010年出版的《浅薄——互联网如何毒化了我们的大脑》一书中所说，“真实记忆之所以丰富多彩、个性鲜明，更不用说它的神秘和脆弱，原因在于它的偶然性。记忆存在于时间之中，随着身体的改变而改变……当我们开始把网络用作个人记忆的替代品，绕过了巩固记忆的大脑内在程序，我们就有掏空丰富心灵的危险”。

每台电脑和数字设备也许是独一无二的，各有各的独特历史，但并不是这种独特性使得它们成就自身。通常，它们的功能与其历史无关，任何一个有过电脑操作系统速度减慢经验的人都会明白这一点。对机器而言，过去是它的负担。把信息分类齐整，并保持操作系统磁盘区干净，才是最好的做法。对工作和生产力来说，这是有益的一课——但是要发展出丰富的人类心灵，情况却恰恰相反。

三

当我们观察一下自己与周围的互动，审视其本质和特性，就会发现正是那些赋予我们控制力的系统——比如电子邮件、短信、状态更新、社交媒体——反而有可能会从我们身上夺去那些令我们作为人类而茁壮成长的东西，即共有的历史、情感的深度，以及对彼此独特性的接受度。

但是，尽管像卡尔这样的批评家做出了悲观的预言，这也并不一定就会是现实。因为此处的关键并不只是注意力和记忆的不同模式，还有背后不同的思考方法：在这一领域，我们人类仍然保持着非凡的适应能力，并且能够对头脑中发生的一切拥有适当的所有权。

想想电脑科技的新兴领域“记忆工程（memory engineering）”吧。它的目的是应对数字信息过载的问题，做法并不是把所有的信息粗鲁地堆在一起，而是将数据更人性化——使得信息不再是冰冷的电子产物，而变得更加有深度，更加差异化，以及更加打动人心。

比如，纽约的程序员乔纳森·韦格纳帮助开发了一项服务，旨在从我们使用数字科技的历史痕迹中找出一年之前所发生的事：它叫作“过去速递”（PastPosts），通过 Facebook 记录“找回”我们账户在一年前从事过什么活动。这项服务的口号是“一年前的今天，你在Facebook上做了什么？”这是一个非常简单的创意，但它也说明了要在一大堆没有特别意义的电子记录中刻画出个人的历史是件多么容易的事。

毕竟，只要我们愿意，数据就能活起来。我看过朋友们的Facebook页面，他们的网站，甚至他们在电子游戏中的虚拟化身，从中我并没有见到人性被去除了，反而发现个人对自己的掌控随处可见。也许通过短信宣告一段恋情结束确实残酷和懦弱；但在社交网站上发布孩子诞生的喜讯，得到上百条朋友和家人饱含祝福的评论跟帖，可没有轻视任何人的意思。同样地，现在互联网上也出现了有助于使用者对单一任务集中注意力的应用程序和建议，有的程序能够在固定时间切断电脑所有的网络连接，还有所谓的“黑屋（Dark Room）”文字处理器，它把屏幕清除干净，只留下黑色的背景和打出的文字。

然而，身处数字时代，所有能够培养的心理状态中，最具挑战性的也许既不是“部分关注”下的快速反应，也不是全身心投入时的心无旁骛，而是与创意和个人心境平和有关的自由遐想。

这种自由遐想只会出现在我们生活中的“空闲”时间——比如在火车上、洗澡、散步，或者一边翻书一边朝窗外的一瞥。它们不可能光靠专门制定的数字计划或者精心安排的断线时间再生出来。它们可遇而不可求，往往出现在不用计较分秒的生活里。它们各具特色，千变万化，用英国启蒙哲学家约翰·洛克在《人类理解论》中的话说，“当想法浮现于脑际，与思考或者理解无涉”。

这一章谈到了获取控制和理解注意力的本质，这里面有一条值得重视的警示：所有系统和行动计划都需要留出属于自己的空间。如果想完全掌控自己的想法，我们不仅要摆脱误用的工具的摆布，甚至还需要放下自己的需求和计划。

在写作本书期间，我自己就感受到了这种力量。我打草稿的时候，大多数还是用纸和笔，笔尖在纸上划过，心中的想法流淌成一行行句子。这种因为书写工具而造成的缓慢写作，让我像感受声音和物品一样，对每个字和想法产生感觉，它们呈现在纸上，带给我感官的愉悦。专心致志地在笔记本上写作，于是我的写作过程和心中的想法能够融为一体，常

/ 作者的笔记本和旁注：字迹有些潦草，却让自己得以自由遐想。

常令我感到意外——刚刚思绪还在游走，突然之间就有了实际的句子和词语。

这也许是我喜欢在书的空白处记笔记以获得灵感的原因：我随身带着书，喜欢不受打扰地读书，等待灵感在阅读的过程中悄悄出现。轻轻翻动书页，其中那些潦草的笔迹，正显示出当时我的灵光乍现。

读书时手上有笔，散步时也随身带笔记本，这让我得以自由遐想。对我来说，这是奢侈但又必不可少的过程，使得我的作品既严谨，又为我所独有。

相比之下，用电脑写作更像是对文章的段落和论点再次阅读和建构，这些虽是必要的，但极容易受到部分关注和网上浏览的诱惑。在电脑上打字时，我发现自己的一些急切想法很容易被令我分心的事物给赶到注意力的边缘。只要我还在编辑、打字、研究和查阅电子邮件，我脑海中的想法就会受到抑制。直到我从屏幕前走开，那些我真正应该关注的事情才开始浮现。

我自己的这种工作方式并非理想的典范。它们对我来说也未必总是有效，更不用说对别人了。但是，我希望这个实际的例子能让我们明白，要保护思考的逻辑免受数字工具逻辑的操控：不同类型和性质的时间安排能够帮助我们抽离，而非局限于单一的观念。

我们必须能够适应环境——并且也能够调整环境来为我们所用，让它们能够迎合我们观察、思考和感觉的所有层面。例如分割注意力的能力；或者专注于一个想法，而把所有其他想法排除在外。但也要为其他事情保留时间和空间，以便我们能在真正适合我们的工作方式下工作。

Reframing Technology

第四章　重新塑造科技

一

在2010年夏天，我首次拜访了一家公司的总部，这家公司多年来已经成为我生活中的一部分：它就是谷歌。尽管我之前已经去过它在伦敦的办公室，但我从来没有想过谷歌也像银行或者商店那样会占据一个实体空间。谷歌总部（Googleplex）——位于加利福尼亚州山景城剧场路1600号——完全改变了我的看法。现在，每次看到网络浏览器右上角的谷歌搜索栏，我都好像还能看到那里，看到谷歌员工的面容，还有这家公司的历史。

谷歌的总部就像是一座校园，身处其中是一种“完整的”体验：如果你在那里工作，就能享用到健身房、明亮的院子、沙滩排球、高科技玩具、洗衣设备，还有一日三餐供应。一位雇员解释说，员工享受到“大人的待遇”——信任员工能够全心玩乐，也能努力工作，他们能够管理自己的时间完成各种项目。换个角度说，这也意味着员工就像是学童，或者至少是某个有礼貌的教养机构的成员，受到无微不至的照顾，从烦杂的事物中解脱出来，因此能够更好地学习和表现。

/ 落日中的硅谷：即便是遍布全球的数字服务，也诞生于某个特定的时间和地点。

身处旧金山湾区无边无际的明亮空间里，在遥远的群山和纵横交错的高速公路之间，有一种柏拉图式的美好感觉。在我结束加利福尼亚之旅时，我感到那里对于谷歌及其伟大的同行苹果公司来说产生了巨大的影响。两家公司总部的所在地都有着丰厚的文化底蕴，并且两家公司都拥有自己的美学和态度：苹果坚持极简的现代主义，在满足用户的需求和奇想之前，必定要先做到近乎偏执的精致；而谷歌则维持鲜明的后现代主义，永无休止地调整它的软件工具，以使任何人能够搜寻到任何想要的东西。

在所有这一切的背后，还存在着一条残酷的商业逻辑——谷歌专注于对数据进行不懈的编目和查询，以及对特定搜索词条进行广告匹配，以谋取可观的收入。在拜访这家公司的实体总部之前，我对这些已经有所了解。然而，在花了一些时间体验到它的文化后，我才开始意识到自己过去遗漏了不少东西。

对我而言，就像对许多其他人一样，谷歌首先也最重要的意义，在于它不仅是一个工具，也是一个动词。它的特质在于强调简单、高效、流畅，而我使用起来也是心存感激，轻松不费力，并且往往对使用结果不存疑虑。但是，这里是有其历史和信念的。在谷歌出色的算法机制的背后，有一群聪明但心存偏见、不完美的人，就像在每一个程序、每一个产品和每一个不知名的界面之后那样。关于这家公司下一步该怎么走，人们始终存在争议，也感受各异；谷歌暴露出的问题总是夺人眼球，但它取得的成功却少有人知；此外，“谷歌正在让我们变笨”的报道也令人困惑不已。

所有制造加工过的物品，令我们与制造它们的情境疏离。我们在操作像手机这样复杂而精巧的东西时，很难想得到它背后的供应生产链：开采金属制造电路和电池；经过石油化工流程制造出高性能的塑料；工厂的劳动力和软件工程；还有设计、样机和申请专利。

至于屏幕上的物品，比如谷歌搜索引擎，这种疏离就更为彻底。在世界各地，我会看到同样的屏幕画面，在使用谷歌搜索服务时，总会觉得这是理所当然，而不会想到它是经过打造而成。它无处不在，又处处不在：用新媒体语汇中最常见的两个词来说，它是有机“景观”或“生态系统”的一部分。谷歌或亚马逊提供的服务，往往令人觉得并非制造出来的——它不同于口袋里的手机，更不用说脚上的鞋子。于是我们批评、阐释和“看待”它们的方式也和我们对待身边其他实质性物品的方式有所不同，我们很快会对这些服务养成习惯，并且不会多加评判。

这不是对谷歌进行批评。我只是认为我们不应当把数字服务或数字设备当作自然而然或不可避免的东西：在这样的媒体“景观”中，它们并非外在于历史，同样也可能存在人为的错误，而我们仅仅必须尽可能加以驾驭。因为就像牛仔裤或金霸王电池一样，谷歌和亚马逊也都是人造的。在它们看似不可言喻的存在背后，其实有着历史和人文的脉络，值得我们好好讨论。

二

2010 年 3 月，我为《观察家报》写了一篇报道：英国广播公司第四频道教育部要制作一个网络游戏，用于帮助青少年如何安全高效地使用 Facebook 之类的社交网络。作为研究的一部分，第四频道委托游戏的开发者——Six to Start，一家总部在伦敦的公司——与一群英格兰南部学校的学生进行交流。

这些交流很快就表明，虽然科技几乎在每一个青少年的社交、工作和休闲生活中占据着中心的地位，但他们对科技的认识却远没有成年人料想的那么深入。用唐纳德·拉姆斯菲尔德的名言来说，几乎所有媒体体验的背后都有“未知的未知”，也就是说，人们甚至不知道自己的未知。

大多数学生最不了解的就是隐私设置。“几乎每个跟我们谈过的青少年都觉得他们对网上隐私、身份认证和安全问题了如指掌，”Six to Start 的首席创意总监阿德里安·洪恩告诉我说，“并且他们觉得大人总是拿恋童癖来危言耸听，结果反而对大人的话不当回事。”青少年真正应当心的，不在于来自陌生人明目张胆的性挑逗，而在于看似不重要的隐私设置、照片标记、手机号码和出生日期的展示。

洪恩发现，大多数孩子“对网络中的侮辱感到担忧，并且从更普遍的意义上说，是在担忧他们的社群地位。我还注意到许多人有一种难以言喻的不安，担心自己在网络中的形象。Facebook 的隐私设置似乎每隔几个月都在变，就连我们也很难弄清楚那些规则……”

人们常常认为年轻的一代总是乐意并且很容易把他们的生活进行数字化，但事实并非完全如此。一些家长开始意识到，科技会给青少年的生活带来焦虑、不确定性和烦人的问题——由于这些问题很少被正式讨论，因此深受其困扰的人往往得不到多少帮助。

洪恩的团队开发的游戏叫作《烟幕》(*Smokescreen*)，获得了2010年西南偏南大会的最佳游戏奖，这很大程度上要归功于它对这些问题的正视。游戏里设计了一系列任务，可以让青少年玩家看到类似召开网络盛会这样的事件如何失控，或者看到某人努力阻止自己不堪入目的照片不再流传，免得毁了自己的学校生活。这是个很简单的游戏，但就连熟悉社交网络的成年人也会在许多游戏关卡中失手。

正如洪恩观察到的，青少年愿意更多地了解数字世界的危险，甚至对此怀有强烈的兴趣：问题在于与他们讨论这些问题时常常令他们觉得“就是不可信”。新闻头条总是与性有关——并且成为学生们在教室里的谈资——而那些不那么危言耸听的问题则得不到讨论。洪恩指出，我们需要可靠的、能吸引人的内容，传达出网络行为的一般规则——“放聪明点，先花时间想想你这么做会有什么后果”。

但我还要提出一个更高的要求：即在读写、算术和科学之外，要让数字媒体的研究和讨论也成为全世界的教育系统中的必要组成部分。所使用的教材不能太基础，否则吸引不了对数字媒体比较熟悉的学生。应该结合数字发展的历史，并且给予学生参加讨论的机会，主题涵盖社交媒体服务、搜索引擎、虚拟化身甚至《魔兽世界》，让学生讨论这些主题的现实性及其局限。最重要的是，这会让各代人之间拥有共同的立足点，从而彼此聆听，分享各自的数字世界体验。

三

在本章的开头，我提到了对谷歌的访问，这是一家在1998年成立于美国加州的公司。然而，谈到数字世界许多最基本的组成成分时——从电子归档系统的理念到管理万维网的协议——它们却常常没有可见的实体，也没有什么可供挖掘的动人故事。

举例来说，即便你可以任意使用网络资源，你也很难弄明白为什么几乎每一种现代数字设备在存储信息时都要用到

“文档”系统。除非你是个计算机科学家，不然你几乎不可能有能力探讨这套系统的利弊，也不可能去想是否有其他系统来取代，或者将来又可能会用到什么系统。

在一定程度上讲，所有复杂的科技都是这样。然而，当涉及数字科技时，这些“锁定”着的想法特别具有影响力，也更加容易被人们忽视。杰伦·拉尼尔在《你不是个玩意儿》一书中强调，即便像存储记录这样看起来简单的事，也得采用特定的技术格式和设备。以电脑文档形式存储的一本书、一部电影或者一首歌，与实际的书、电影和歌曲是不同的：如果没有合适的软件和硬件把数据转换回声音和图像，文档就是毫无意义的。

这些科技的获取从来就不是那么简单。然而，要了解这些科技，也变得愈加困难：很多制造商们也意识到了这一点，却乐意鼓励用户接受一开盒就能使用的设备和服务，用户无须根据自己的经验来加以设置，也很难了解到这些设备和服务的背后究竟是怎么回事。

便捷和安全是这些设备的魅力之一，于是牺牲某种程度的控制也可以是值得付出的代价——只要消费者有所意识的话。然而，从硬件到软件，人们常常对此毫无察觉。我们在

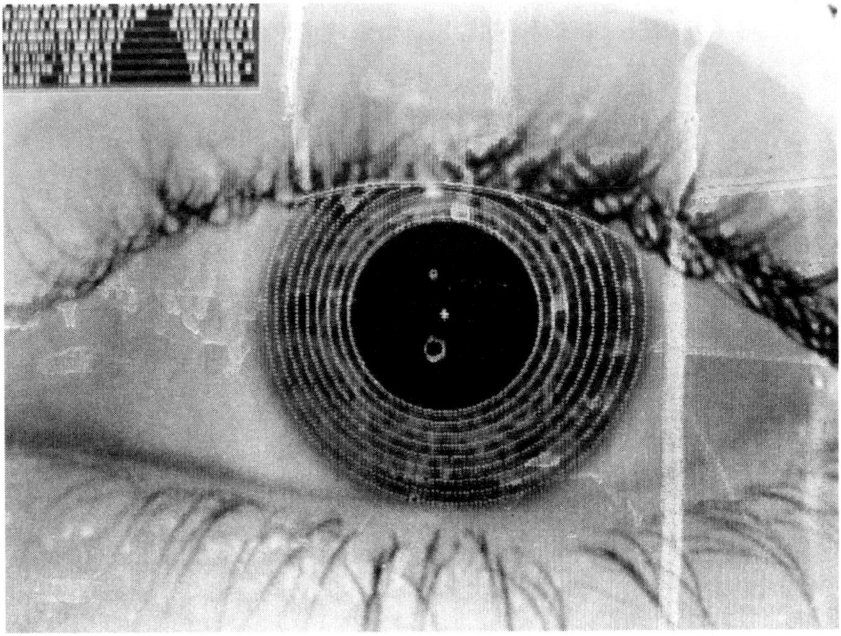

/ 转瞬即逝：要了解科技的问题及其潜能，正变得愈加困难。

使用许多服务时，会碰到没完没了地签署用户授权使用协议，里面规定了用户自愿放弃的权利；还有许多数字产品的购买协议也注明，购买者并非真正获得产品的所有权，而只是获得了使用权。在这种情况下，如果特定的服务或支持被撤销了，那么用户或购买者留下的仅仅是无法使用的信息。

搞清楚这些细枝末节的内容相当不容易，尤其是日常生活中我们只是想使用数字产品和服务，如果每次要把各种协议看清楚，我们的生活将受到严重的影响。但是，要记住的是，如果我们不认真审查各项工具背后的意图和限制，我们就只能期望未来的进步更少，而误用的情况会更多。正如英国公开大学公众科技普及领域的教授约翰·诺顿在 2011 年 11 月的《观察家报》上所说的，“如果你使用‘免费’的服务，那么你必须接受一个事实：你（或者更确切地说是你的身份）就成了他们的产品。”世上没有免费的午餐，即便在网上也一样。

我们也许生活在这样一个时代：各种服务和设备更像是构成了一种生态，而非机器——这也是服务和设备制造商们希望我们有的想法——但是，这一切也完全是我们自己造成的。数字世界瞬息万变，如果我们无法认清其背后的历史和复杂性，我们还是可以求助其他有远见的人，并且听听他们提出的批评、警告、认同，和指出的替代方案。

你也许不太可能在一夜之间就找到Facebook的替代品，也不太可能在一夜之间发现击败亚马逊的网络零售商，但你可以学着更好地去使用它们——并且想想有哪些事情是连这些网络巨头都无法为你办到的。

Sharing Expertise and the End of Authority

第五章　分享、专业知识，以及权威的终结

一

1998年，两名斯坦福大学的学生发表了一篇论文，题为《大型超文本网络搜索引擎的剖析》。虽然看起来枯燥，但它的背后是数字时代最重要的理念之一：对于网络上日益庞大多元的信息量，该如何找到新的处理原则。

文章的作者问道，如何才能将“不受控制的”媒体——“人人都可以畅所欲言”——与真正令人满意的搜索结果结合起来，不仅告诉用户到哪里去寻找信息，而且还要指出哪些信息最确切最有用。他们相信这个问题不仅有明确的答案，而且可以应用到数十亿份已经发布的文件上——在接下来的10年，这个问题的答案给世界带来了深刻的改变。

这项研究的作者就是谢尔盖·布林和拉里·佩奇，他们将应用了这个问题的答案的产品命名为谷歌（Google）——源自数学术语“古戈儿（googol）”，指的是1后面跟着100个0的数字。网络搜索引擎早在20世纪90年代初就已经存在，然而布林和佩奇指出，当时很少有研究试图改善搜索结果的质量。他们最重要的创新来自于这样的洞见：学术研究的方法本身就指出了问题的解决之道。

在学术界，一篇文章被引用的次数大致可以反映出它在该领域的权威性。如果一篇研究被后续的100篇论文引用，那么不言而喻，它的权威性就要比从来没有被引用过的文章高出许多。类似地，布林和佩奇得出结论，一个网页在万维网上被其他网页导入链接越多，说明这个网页就越重要，或者品质越好。此外，只要有足够精密的算法，就能对此进行自动的评估。

这篇论文提出的算法称为“网页排名”——直到今天，它仍然是已成为世界上最具影响力的数字服务供应商谷歌公司的核心技术。从最初到现在，网页排名已经得到了极大的改善，它确切的公式更是受到严密保护的公司机密。然而，它的整体指导原则仍然保持原样。通过大量精确的观察，就能够掌握“搜索品质”这个最难以把握的特色。

与要求创建者评估网上资源的品质相反，像网页排名这样的算法能够自动观测其他人使用和构建网络的方式。该算法的关键变量包括网站的导入链接数量、访问量、更新的频率以及网站内容的种类。在这些变量的上层，则是各种复杂

/ 只有最杰出的法国公民才能埋葬在巴黎的先贤祠。那么在数字世界，什么人才是最杰出的呢？

的指标，包括网站访客的种类，逗留时间的长短及深度，与之相联网站的相对权威性，以及是否存在试图通过作弊提高排名的可疑行为。

谷歌和其他搜索引擎的统计分析一天比一天先进，与试图影响搜索结果的行为也表现出魔高一尺道高一丈的局面，这些都是引人入胜的精彩故事。然而，更重要的是，这些故事标志着文化的转变。因为仅仅在10多年的时间里，旨在处理更为庞大数据组的种种创新已经改变了我们对“权威”的感受，而且改变的幅度史上首见——同时，我们对于文化和知识价值的最核心的观念也受到了挑战。

二

“权威（authority）”一词最早是在13世纪初才进入英语的，它来自古法语，具有特定的书面含义。当时常见的拼法是“auctorite”，指那些具有信仰的文本——也就是可以将其用作文化和神学理论辩论的基础文本。此类文本中最有代表性的就是《圣经》，另外还有最受尊崇的经典和宗教作家的作品。这些文本的准确性只能够自证，而最高形式的学术和批判思考，则是要梳理出它们的含义，并且将其应用到整个世界。

遵从权威并不仅仅是习惯问题：它是一整套政治和知识系统的基础。随着时间的推移，“权威”这个词开始也意指那些精通学术、被视作专家的人，或者指那些拥有贵族、君王、修道院院长等身份地位而值得别人服从的人。无论是哪一种情况，遵从的行为都含有一种信仰，而且一般认为这种遵从有益于社会和文化。

长久以来，启蒙运动、民主化和大众文化已经令信仰日渐式微。然而在一定程度上，对专家的信仰仍然是文化生活中的一部分，其核心就是评论家和创造者。在以经验主义为本的科学研究领域（庞大的数据集已令其发生深刻的变化）之外，长久以来我们都容忍——甚至要求——有人告诉我们应该做什么、不应该做什么，他们试图教导大众的品位，想成为该领域的榜样。

即使是最具学识的批评，常常也只能揭示出许多侧面中的一个。我们一直都知道哪本书卖得最好，哪部电影看的人最多，哪件艺术品卖出了最高价，谁又赢得了最多的选票。然而一直到了10年前，我们才领略到专属于互联网的经验主义，它的规模和种类都与过去发生了极大的改变。今天，经由我们的指尖，就能即刻获得比任何形式都更细致、更精准的人气榜单，它的形式各种各样，取决于几乎各种可能的查询动作之中。

几乎没有任何语言中的任何字或词是现代搜索引擎无法显示、排序和获取搜索结果的。有了亚马逊之类的服务，无论是文化产品还是商业产品，几乎都能列出从第一名到几百万名的销量排名，而且只要按几个键，就立刻能看到购买过产品的顾客对其相关评论和意见。我们还是喜欢听取评论家的意见，并且乐见他们之间的分歧。然而，当每个人都有渠道畅所欲言时，那么自称为专家的人的意见就叫人看上去将信将疑了。

让我们想一想网络搜索究竟意味着什么。如果是搜索诸如一座山的高度或者一个国家的人口之类的信息，只要搜索结果是符合经验主义的数值，那么这样的答案就很容易让人接受。然而，像“毕加索是不是20世纪最伟大的艺术家”这样的问题，现在也越来越采用经验主义的色彩来回答了。只要去问问互联网，来自世界各地的回答就会呈现在你面前，并且按照相关性排序。所有的信息都在你的指尖，虽然不是单一的答案，但网络却明确给出了其背后问题的回答："对于毕加索是不是20世纪最伟大的艺术家，人们都说了些什么？其中哪些最具权威性？"

虽然得到解答的过程比较曲折，但过去我们却必须求助评论家替我们作出判断，而且不只是评论家，还包括从出版商到编辑或教师在内的各种把关者。过去许多世纪里，从来没有人能够拥有、使用或搜索全球知识的一小部分。所以，我们总是向他人寻求建议或者让他人为我们选择材料，甚至从一开始就替我们决定哪些东西值得成为永恒的记录。

今天，我们不再需要先有选择才能获取问题的答案。选择已经成为持续进行的、外包的业务了。现在，几乎所有的东西都呈现在世人的面前，不再由把关人进行筛选，而是由大众品位来决定。实际上，这正是大多数数字商业模式的核心。产品提供商不再是先作出选择然后进行发布，而是首先发布消息，再对世人的选择作出回应，将赢得众人青睐的产品不懈努力地予以利益最大化，而对无人问津的产品则不再浪费丝毫力气。

三

如果这是价值观和权威的危机，那么从很多方面来说它都是非常难得的，因为它开放了一度令人望而却步的堡垒。然而，如果我们不想只是在文化的新方向中随波逐流，那么我们尤其要注意两个领域，那就是知识和经济。

在知识领域，我们要当心平庸化的问题，当心原来卓越的见解降格为业余水平和自我推销。包括美国作家安德鲁·基恩在内的许多作家指出，“今天的网络正在扼杀我们的文化”（正如基恩在2007年的著作《网民的狂欢》的副标题所说），这里的文化，是指由眼光敏锐的把关者、知识分子和艺术家合作推广和保护的文化。

基恩指出，从图书、杂志的出版到音乐、电影和政治言论的发布，数字科技无所不在，使得那些与众不同的重要事物难以对公众产生影响力，或者无法提供可供辩论的焦点。我们只会觉得这一切众说纷纭，只好把注意力放在最容易理解的一小部分。

显而易见，基恩的观点是以往由来已久的对民主的顾虑的翻版。他认为，大众的广泛参与取代了专家审核，由此网络使得恃强凌弱的人性更加凸现，网络压制异见，用易于理解的论点说服被动的大众，并且引导他们迎合流行文化。

有一种经济理论也与这种文化批评遥相呼应，对此，过去10年间传统媒体行业的人一定会非常熟悉。有关这种论调，罗伯特·莱文在2011年的著作《搭便车》中也许给出了最新、最清楚的总结。《搭便车》的副标题就说得很清楚："数字寄生虫如何破坏文化产业，文化产业又将如何反击。"这本书探究了现代"文化产业"的结构，以及数字科技对其商业模式造成的破坏。"传统媒体企业之所以身陷困境，不是因为它们无法给消费者想要的，"莱文观察后指出，"而是因为不能靠此赚钱。"他强调，数字世界难以抗拒"开放"、"免费"等概念，但在实践中，这就意味着使用基础设施的特权，从而令创造者对其创作物失去控制，更谈不上创造者的谋生能力了。

也许有人会吹毛求疵，用各种各样的统计数据来争辩传统媒体衰退的原因。但很少有人会真正否认数字媒体的兴起对许多现存的经营模式和文化假设产生的巨大破坏。真正要紧的问题不是发生了什么事，而在于它产生了多大的影响。

正是在这一点上，莱文与基恩的观点遥相呼应。在他们看来，数字科技已经将经济与社会的影响力从创造文化和知识成果的人手上转移至控制基础设施平台的人的手上，在这个平台上，媒体和概念的流通越发频繁。就像网络上的权威与专业知识分离得越来越远，看来文化生产也正与创作才华渐行渐远。

对既关心数量也关心质量的人来说，这听起来令人深感不安，同时它也指出了数字世界中最使人不安的矛盾之一：多元和开放令一小群人的影响力不减反增。

如果说过去想赢得大众的关注只会有几千个竞争对手，那么现在这个数字则以百万计。对于明确占据了细分市场的人来说，数字环境充满了新的商机，也就是表现出少数股东权益的“长尾效应”。然而，随着这种规模上的转变，所产生的最显著的影响不在于多元化，而是位于顶层的少数派的影响力越发强大。很难想象在数字时代之前，有许多像亚马逊和 eBay 这样的在线企业拥有全球的统治力，同样，当涉及文化和概念的竞争时，主导权也掌握在少数赢得大众关注的人手上。

这种类型的竞争差不多就是残酷的达尔文主义。拿书本来说。如果你现在读的是纸质书而不是电子书，那么你手上的这个物品只有单一的目的，那就是把文字呈现给读者。然而，如果你是用 iPad 之类的数字设备阅读本书，那么占据手中这个物品的，就不仅是电子书库里的其他书本，还有其他的音乐、电影、新闻、博客，以及你玩的游戏。

数字时代的本性就在于，越来越多的东西平行地呈现在我们面前，它们通过相同的渠道同时出现，或者接二连三地连续到来。看来只有强者才能生存。而强弱的评判，并不取决于是否永恒，即使在留存久远即为经典的领域也是如此。现在，只有得到慎重的大多数这个新权威认可的，才是强者。

四

如果这就是网络行为的一切，那么对那些不希望随波逐流的人而言，当下的确是严峻的。但是我相信，最好把基恩和莱文的论述当作警告，而非不可改变的命运——此外，虽然许多传统的商业模式遭受毁灭，但我们已经确立起来的有关卓越表现、批判性洞见和创意火花的观念，却并不会那么容易遭到抹灭。

算法能够将人类的行为以一种客观的尺度整合起来，这正是其效用和力量的来源。但是算法缺少对个人的关注，这也是它最大的疏漏——这也是为什么自从 Facebook 和推特分别在 2004 年和 2006 年成立之后，光是这两项服务就积累了超过 10 亿用户的主要原因。我们又一次碰到了十分庞大的数字。但这最新一波的数字科技发展不仅讲求多数人的力量，也注重私密和个人间的关系，因为网络用户并非一群毫无个人特色的大众文化的消费者，而是积极参与大众文化和知识生产的一大群个体。

2010 年 9 月，美国作家、《大西洋》杂志资深编辑阿莱克西斯·马德里加尔认为，推特是“一种人性的推荐引擎，而使用者本人就是算法”。这是目前为止我见到的最有启发性的观点，解释了为什么社交媒体能够如此彻底和迅速地重塑整个网络动态。它们满足了某些单靠算法无法实现的需求：发言和相互倾听的机会，同时又保留了我们每个人在这个世界上的独特权威。

今天，我们每个人既是广播员又是评论家，我们还是日记作者、电台主播、批评家、安慰者、窥视者，也是自己的全职宣传员。所以关键的问题是，我们怎么才能把这些角色演好。怎么做才能使乐于分享的文化（它能让我们茁壮成长）繁荣起来而不是遭到扼杀？对于那些关注质与量之间差别的人来说，又能提供什么样的空间？

要想找出这些问题的答案，我们就需要在21世纪，重新运用那些一直推动着富有价值的批判性论述的原则，即并非尊重权威本身，而是尊重诚实争论、自我意识表达和真实的求知欲望的原则。

从近来发生的一起不幸事件可以发现分享的影响力——在乔治亚州，一个犯有谋杀罪的美国男子被执行死亡注射。2011年9月21日，42岁的特洛伊·戴维斯由于22年前犯下的罪行被处死：他是1989年8月在乔治亚州萨凡纳市杀害一名警官的凶手。

从谋杀到执行死刑的20多年里，戴维斯得到了越来越大范围的人权组织、公众人物和政治领袖的支持，始终保持着无罪之身。在这起案件中，争议的焦点在于没有找到凶器，9

位检方证人中有7位随后撤回他们的证词，戴维斯还声称遭到警方的刑讯逼供，并且指控案件的关键证人自己就可能是凶手。

戴维斯的死刑执行已推迟了3次，但是所有的请愿和上诉最终都被驳回。然而，对于戴维斯案件的结局，整个世界的体会与开始时有着天差地别。从戴维斯最后一刻向最高法院请求上诉，收集了一份超过60万人签名——其中包括教皇和前联邦调查局局长——的减刑申请开始，戴维斯生命的最后时光就不只是在电视上滚动播报，还激起了全球性的愤怒、争论和痛苦。

在伦敦的办公桌上，我看到相关的言论在推特上一闪而过，几乎来不及读：写推特的有几十万人，字数达几百万字，包括萨尔曼·拉什迪（“美国今晚看起来更丑陋”）和亚历克·鲍德温（“美国这次执行死刑使我们在世人面前蒙羞”），还有许多不太可能出书或演电影的人，都平等地发出了自己的声音。

正如死刑执行后的一周，作家安德鲁·欧海根在《伦敦书评》中说的，“守夜人与作家合为一体……这就是现在新闻进行的方式：在事件发生和公众知晓之间，在行为、语词和语词的传播之间，没有丝毫延迟”。对于屏幕上的这种众声喧哗，我并不觉得漫无条理，群众也不是乌合之众；相反，这看起来就像是整个世界的思想独白，通过那些我所信任和尊重的人表达了出来。

沿着推特上的一连串评论，我关注了大约100人的动态，他们是我在过去两年里亲自挑选出来的，其中包括我的朋友和同事，还有作家、法官、艺术家、企业家、医生和教师。除了推特上的评论，我还浏览了他们的博客和报纸、图片、辩论和评论串，以及各种论坛、请愿和行动主义者的网站。它们的效果多元复杂，但不是支离破碎的。由那些为我信任的人所引导，我可以看着相关的辩论扩散和传扬开来，并且将我所找到的、最为深刻的洞见，转而传递给那些关注我的人。

这里找不到什么盖棺定论的言论，也没有像传统新闻“事件”那样有一个明确的结局。在死刑执行一个月后的月初，我再次搜索推特上的“#特洛伊·戴维斯”标签，我发现每分钟仍然会出现一条或一条以上的更新，那个事件仍然以上千种方式“活着”，推特的更新就是其中之一——这已经成为全世界许多人生活中的一部分。那里有戴维斯葬礼上的描述；有旧的论点，反驳和论战；有侮辱、谩骂，以及对之前几个月最能引起共鸣的评论的回应。

有人认为，这种大众的发言注定会被谣言、半真半假的报道和特殊利益团体所左右。用美国作家、学者凯斯·桑斯坦的话来说，这种大众分享方式在未来最有可能成为一间“回音室”，在其中，志趣相投的人不断加强自己的信仰和偏见。

这也呼应了安德鲁·基恩对数字文化总体上的批评，认为它有迎合大众、冷漠无情以及掩盖真相和卓越事物的可能性：这是非常值得注意的警示。但要把它当作全部的真理，在我看来这一观点就未免太过悲观和消极了，即便在最庞大的网络群体中，也还存留着个人的力量。

至于权威，以及用批判的眼光而非统计学的分析来定义的卓越，我们已经不可能将时钟拨回到由把关者捍卫并塑造公众品位的前数字时代了。然而，我们也越来越能够在搜索引擎及其积聚起的庞然大物之外，搜寻并传扬观点；我们不仅可以分享琐事，还可以分享不那么哗众取宠的重要信息，这不仅对大众，而且对小众都有价值。

此外，说到茁壮成长，数字领域已经充分证明了无论对上还是对下，它都是一片沃土。对那些经验丰富的专业人士和媒体产业来说，这也许不是一个最好的时期；但对热情洋溢的业余爱好者和新近涌现出的天才们而言，机遇却是空前巨大的，尽管其中也有不确定性。

举例来说，在2011年有一个名为“散装书”（Unbound Books）的计划，它为作者提供了一个平台，可以直接向广大读者呈现自己的想法。这很像18世纪出版前预先确保销量的模式，如果“散装书”平台上的作者成功说服一定数量的读者，保证能够为这本计划中的书提供财政支持，那么他们接着就可以开始写作，并完成整本书，再由“散装书”平台专业制作，并直接送到读者手中。

这只是一个小例子，但是它同样表现出一种对数字时代公众的信任，而不认为他们就是一群暴民。诺姆·乔姆斯基很早就倡导这种做法，他认为，“它的意义重大”——尤其这有可能会是将来的商业模式，在这种模式下，盈利与品质不一定相互牺牲。

在所有这些分享行为和文化投资中，核心的美德就是信任和尊重：这是在公众时代赢得权威的基础。400多年之前，莎士比亚笔下的豪斯伯就知道在那个时代中“信誉”——那时尊崇“言出必行”——的价值。经过这几个世纪，人才辈出的作家们为了迎合不同时代的读者，建立起了层次错落有致的文学文化。

今天，我们又一次上了一课。这个世界像过去一样不乏专家。但现在，他们和他们的受众平等了，也必须努力表达和推销自己的卓越之处了，他们必须依赖彼此的信任，而越来越不会去仰赖某些权威——他们的“权威”不是在辩论中赢得的，而是由某些组织或地位所授予的。

从经济和社会的角度看，现在的文化比以往更加脆弱。但我们也比以前更需要有能力去分辨，并且要知道哪些习惯能让我们获得这样的能力。

On Becoming Less than Human

第六章　人性未足

一

詹姆斯·格雷厄姆·巴拉德在其1973年的小说《撞车》的前言中写道，色情文学是“最为政治性的小说形式，展现我们怎样以最急迫、最残忍的方式来彼此利用”。他明确地把这种利用与科技相联系。在他写过的最让人不安的这本小说中，他还提出了一个在后来40年里变得更加尖锐的问题：“通过这场车祸，我们是不是看到了某些先兆，预示着科技与性欲的结合将导致噩梦般的关系？……这里是否存在某些比理性更为强大的反常逻辑？”

不把性欲纳入考虑，就无法完整阐释与科技共存的生活；而要探究它们彼此结合的背后“反常逻辑”，最显而易见的起点，就是今天数字网络上数量惊人的色情内容。

与普通人的想法相反，“性”并不是网络上搜索结果最多的词条。如果在谷歌上搜索“性”，得到的搜索结果仅仅不足25亿条：这虽然足够击败大多数的查询词条，但有意思的是，它仍然不及“爱”这个词条——超过70亿条搜索结果——的三分之一。然而，重要的不在于内容的多少，而在于内容的获取有多容易。在网上，你离色情的距离，从来不会超过一次搜索再加一次点击。过去曾是禁忌的东西——需要找到专门的零售商，并受到年龄限制和购买限制——现在则变得稀松平常。只要你想要色情内容，你就一定能得到：即时、匿名，无需任何金钱和心理上的压力。在这方面，色情内容与数字领域中的所有其他东西几乎没有分别。它只是服务的另一部分。

色情本身已经被网络改变。首先，它已经失去了曾经还有的一点点天真或矜持。像娱乐产业的其他形式一样，色情内容也面临着内部和外部的竞争。这意味着这个原本就粗俗的产业如今慢慢变得更廉价、更下流，自我竞争方面更是花样百出，消费和参与、虚假和真实之间也更为模糊。

在网上，你和你想要的大多数东西之间，不仅只隔着一次点击的距离，而且你也从来不会是独自一人。在性或其他许多方面，无论你的品位多么怪异，多么与众不同，多么不受控制，甚至多么不合法，在网上总会有像你一样的其他人提供建议、论坛，构建见面的机制以及所需的安全协议。你尽管告诉这个世界你想要什么，只要有人愿意提供，科技就能为你们牵线搭桥。

看一看世界上最成功的分类广告网站——Craigslist 的“交友”区吧。如今这个区提供 9 种选择：柏拉图式，女找女，女找男，男找女，男找男，浪漫爱情，一夜情，“擦身错过”（试图引起你曾见过的某人的注意）和“发泄情绪”（包括赞美和辱骂）。

正如这些既实用又全面的分类所表明的，事实上所有合法、可能的情况都能得到涵盖。该网站还明确提供了人身安全的告诫，避免诈骗和欺诈的建议，如何获取家长监控软件，并且还有抵制卖淫和非法交易的强硬规定。然而除此之外，你就能为所欲为。只要点选符合你口味的分类，你将会获得一份按时间排序的你所在地区的人员名单，看看他们有什么需求，或者愿意提供什么。

在我的家乡伦敦，通常情况下，Craigslist 的交友区在“一夜情”专区每天大约会有 900 条新增广告，“男找男”区有 200 条，“男找女”区有 100 条，“女找男”区有 50 条，其他专区有 2 到 25 条。这些广告的内容都很直接，有人会觉得坦率得吓人，也有人会觉得耳目一新（比如，“必须有一大笔钱来宠我，不然我不会回复”，“哪个好男人周二早上有空？第一封邮件必须附上照片和地点，否则就不回复”）。而且通常情况下，只要轻点鼠标，就能找到联络对方的电子邮箱地址。

在较为偏僻的地区，每周这样的广告数量可能会降至只有区区几条，如此一来，对那些目标明确的搜寻者和服务者而言，就需要更加专门化的网站了，比如AdultFriendFinder，“全球最大的性交及放荡交友社群”。这样的标语也许滥用了“社群”一词，但是使用者的共同兴趣则再清楚不过了。在科技无所不在的时代里，与几乎所有其他事物一样，数字世界的“性爱”不仅仅是“看看”而已：它是一种搜寻，一种联络，以及发现你自己并非孤单——或者说当你上网之后，就算你独自一人，也不会觉得乏闷。

你想要什么，完完全全就能得到。想要一场外遇，但又不想对方来纠缠，不想因此毁了自己的婚姻，却又像那么回事？只要上“非法邂逅”（Illicit Encounters）这样的网站，就找得到志同道合的偷情分子，而且这个号称“英国最大的已婚人士约会网站”还会教你怎样避免事情败露。想找一个体

/ 在 AdultFriendFinder.com 网站上，这种样子也许还不足以吸引访客。

毛很密，并且体重是你3倍的伴侣？就连这样的需求也有网站来满足（输入搜索引擎的关键字是“bear”）。

二

帮助人们获得他们想要的，这总是值得称颂——即便你猜想的并非总是他们真的需要的。然而，有两个方面需要注意。

首先，有可能有人会受到伤害：这种可能性令人担忧，在道德上也很明确。当涉及剥削弱势群体，或交易非法物品时，在结合了远距离、匿名和隐秘特性的数字世界，伤害就有可能发生。性虐待、人口贩卖和各种形式的非法色情活动，只是数字网络的一个黑暗面，但它们也是最令人不安又最引人注目的一个方面，必须通过法律法规予以规范，然而科技在这方面的作用却有利有弊。

尽管这些方面的网络滥用后果很严重，但相对来说发生的较少。然而，第二个要注意的方面涉及的范围更广，同时在道德上也模棱两可：由于数字行为具有剥削性、退化性和容易上瘾的特点，并且使用起来太简便，导致许多人的生活质量遭受损害。

在这里，性象征了一种更庞大、更朦胧的恐惧——害怕我们在屏幕上将彼此物化，害怕自己的感觉变得迟钝，以及逃避与别人真实交往所带来的风险或好处。在2010年发表于《新亚特兰蒂斯》杂志的文章中，英国哲学家罗杰·斯克鲁顿明确地将这一“躲到屏幕后面”的过程描述为“一个疏离的过程，借此，人们学着……将他们的生活变成玩物，以便对此保有完全的控制，尽管这种控制在许多方面是非常可疑的”。斯克鲁顿承认，并不是所有的数字互动都会引起这种退化，但他还是告诫要提防这样的生活方式——当我们完全脱离了“人类交往的世界……回避种种危险、冲突和责任”，那么我们将不再拥有完整的人类生活。

轻松和即刻的满足有其令人沉醉的危险。然而，即使涉及性欲，将数字文化简单地视作我们最原始需求的强化，也不会有多大意义。举例来说，如果“真心交友”的反面是“一夜风流”，那么就无法解释网上交友业务的规模要比数字色情大得多这一事实。在这两种情况下，参与者的一个共同推动因素似乎是选项空前的多，并且不用暴露自己的身份。

但显然，在Match.com之类的网站上填写了详细资料的人，并非都是为了寻求一夜狂欢才这么干的，否则他们就去Adult Friend Finder之类的网站逛逛才对。

还有一个更加模糊的中间地带。以俄罗斯的“聊天轮盘”（ChatRoulette）服务为例。该网站建立于2009年11月，类似一种社交俄罗斯轮盘，网站将人们随机地连接起来，通过摄像头和麦克风进行即时对话。只要访问该网站，点击运行，屏幕上就会弹出一个视窗，显示出一个陌生人的房间，假如你也有摄像头和麦克风，你的形象和声音也会同时发送给对方。按一下网站提供的“下一位”按钮，你又可以与另一位随机配对的对象交流，一般来说，每次交流的时间不超过一分钟。

可以预见的是，这简直是为裸露癖和窥阴癖量身定做的服务，而裸露是其共同的主题。据2010年年初的估计，在这些互动中，每8次就有一次“令人不舒服”。然而，出乎意料的是，该项服务可被应用于诸多范围，包括纯粹的聊天、音乐实况表演、网络使用研究，甚至社会名流亮相等等，而且针对那些沉迷于露骨行为者，配套的查禁措施也越来越有效。我自己对这个网站作了一番研究，结果和世界各地的几十位年轻人取得了联系，包括一屋子的埃及学生，一名阿尔及利亚的少年，一个粗鲁的美国人和一个糊涂得可爱的德国人，只遇到过两起比较猥亵的例子，是两个看起来毫不相干的土耳其人。

关于数字历史的“情色浪潮”叙述，还有另外一种有趣的说法。在20世纪90年代早期，当网络第一次向付费公众开放时，宣称在这个新的空间里充斥着性爱和色情就已经是很普遍的看法了。这些人接着强调，再这么下去，只要有人上网，就不可能躲过来自数字弹药库的无穷淫秽内容的狂轰滥炸了。

然而30年过去了，有关色情的预言仍然没有成为现实。事实上更重要的是，我们在使用各种数字工具和服务时，基本上不会遇到非法的内容。当然，如果你刻意想搜索或浏览色情内容，那么你的屏幕上很快就会充斥着色情广告和图片。但只要你不是故意这么做，也不是对网络一窍不通，那么色情内容并不会不请自来。色情内容也要和其他数字内容竞争，以争得我们的上网时间和关注，但它们并未击败其他的数字活动。

事实上，色情内容几乎完全失败了。1993年（差不多是互联网的史前时代），《连线》杂志大胆地将性描述为“首先感染新科技的病毒”。与性有关的内容像野火一样烧遍了数字世界这块处女地，但《连线》杂志进一步指出，随着网络的更加流行和成熟，由于缺乏变得精密的潜力，色情内容将逐渐失去它的优势。

从现在数字服务和网络的角度来看，这一观点的准确性得到了越来越多的证实。比如根据流量监测公司Alexa的排名，截至2011年10月，性和色情内容的受关注度不如亚马逊、维基百科、互联网电影数据库（Internet Movie Database，简称IMDB），以及包括从搜索引擎到社交网络在内的几十个网站。在全球热门网站中，所有以上网站的排名都远远高于任何色情或性服务网站，只有一个与性相关的网站进入了全球前50名，排在44名（该网站名为LiveJasmin，Alexa在其报告中指出，“最频繁的访问者是18至24岁之间的男性，没有孩子，并且是在家里浏览该网站”）。在全球排名前100位的网站中，“成人”网站不足10家。同样，如果你用谷歌搜索解析（Google's Insights）来分析2004至2011年间对

“性”和“色情”的全球搜索热度，会发现它们击败了“书”、“音乐”和“电影”，但仍然比不上“谷歌”、“Facebook”、“YouTube”和“雅虎”等搜索词条的热度。就和我们中的许多人一样，互联网对“性”的兴趣比不上它对自己的兴趣。

这种现象部分是因为许多色情和非法的内容已经远离了主流网络，转移至那些愿意分享资料的人之间直接又小心地建立起来的私人网络。然而，这也是因为随着时间的推移，我们已经学会向科技、也向彼此提出更多的要求；还有一个原因，就是这种对世界施加越来越多影响力的数字“社群”，并不仅仅建立在相互利用的基础之上。

三

在这里，我拿电子邮件做个对比，会有一些启发意义。在我的垃圾邮件夹里，最近一周有300多封垃圾邮件，包括保证提高性功能的广告，能够赚钱的电子产品，信用卡和抗衰老产品，美元贷款，寻找性伴侣，最有趣的是“关于牙医的重要信息”。不仅仅是我，其他人的电子邮箱也是这样被动地接收来自全球各地的垃圾和废话，据估计，全球每年发送的几千亿封邮件中，有 80%以上是垃圾邮件。

这正是那些灾难预言家们在数字时代初期所幸灾乐祸的预测。然而，只要我成为一个主动的、互动的信息驾驭者而非被动的接受者，那么这套逻辑就彻底破裂了。因为尽管我偶尔也会访问色情网站，但涉及如何主动地使用数字媒体，那么色情内容充其量就是用途有限的一种资源而已。

事实上，在内容和体验两方面，大多数色情网站都非常无聊，很难赢得使用者在网上的注意力。色情内容仅仅是一些供浏览、选择、使用，然后抛弃的东西，很少能告诉我们关于自己和他人的事情，并且除了品位和体能之外，几乎没有什么信息是我们不知道的。色情内容就是一个自成一体的世界，充满重复的内容和陈词滥调：对于这个限制区，如果够诚实的话，我们几乎都曾造访过，但是除非必要，我们不会花费更多的时间或精力。

限制区的比喻在许多层面上很能说明问题，因为我们从中可以更好地认识网上行为的本质，以及我们是如何努力地对色情网站和自己加以规范。在 2003 年加州举办的 TED（科技、娱乐和设计）大会上，科技作家史蒂文·约翰逊概述了他认为的万维网自身与一座城市的相似点："由许多人建造，不受任何人的完全掌控，盘根错节地相互联系，但是都由许多独立的部分进行运作。"

约翰逊举的例子提出了一个很有用的框架，它既能让人们从彼此之间获益最多，又能有效地规范我们这个新世界：在这个新世界，既不存在中央监管，也没有用来驯服目的的通用教育。它的茁壮成长有赖于许多彼此重叠的社群形态发挥作用。

警察是由国家支付报酬的法律执行机构，但是其行为必须符合大众的利益，并且总体上与群众的立场一致。警察这个词最初出现于16、17世纪，当时城市不断扩张，从而对法律、公共健康和社会福祉提出了挑战。合法有效的警力必须与当地的社群协作，并且部分警力也来自当地社群。

正如我在上文指出的，人类网络行为黑暗面带来的最大危险，在于让多数人变得更粗暴的同时，会让少数弱势群体遭受的迫害变本加厉。这种情况不限于性活动和性行为，还适用于所有那些试图伤害、利用和侮辱他人的行为。为了保护我们自己和社会免遭这种危害，最佳的数字保护模式其实和城市的有效治安方式类似，结合进了社群的集体意识，成员们守望相助，并且外在的规范因为内在的标准而得到强化。

2007年，为了应对全球许多数字社群成员遭遇的迫害和不诚信问题，美国出版商、博客作者、自由软件运动（free-software movement）的重要人物提姆·奥莱利提出了一份“博客行为守则”。它分成7部分，部分灵感就来自于约翰逊的城市比喻。

守则中的前6条强调博主必须对出现在他们自己网站上的内容负责，包括匿名问题，以及如何处理潜在的欺侮和恃强凌弱问题。然而，奥莱利提出的第7条是一个更普遍的原则，并且至今仍然是“网络礼仪”的金玉良言：“不要在网上说你不会当着别人的面说出口的话。”

奥莱利提出的守则是网络互动礼仪的指导性原则，而所谓的礼仪（civility）也符合严格的词源学意义，即适合彼此接近的公民或城市居民的行为。“我相信，”他随后在自己的博客上解释道，“礼仪是会传染的，无礼也是一样。如果我们只是一味容忍，情况就会更糟糕。没有哪一个博客社群是孤立存在的，正如没有哪个大城市只存在一个社区……‘文明'（civilization）的前两个音节是'市民的'（civil），这并非偶然"。

在网上对待他人，要好比对方就在你面前一样，这个观念意义重大。还有一种与色情内容同样有害的网上物化现象，就是所谓的网络暴力，它从单纯的口头辱骂到持续的长期迫害，在各个网站和网络服务中都有可能发生，影响到网络使用者的工作和休闲。

在 2011 年的著作《一起孤独》中，美国心理学家、麻省理工学院教授谢莉·特尔克就一些年轻生命被此类行为伤害的程度，描绘了一幅令人忧虑的场面。一名叫齐克的受访学生讲述了这样的情况：他先扫描杂志上的图片，然后对这些人物创建虚拟身份，然后他再用这些身份对自己 Myspace 提出严厉批评，随后他再观察自己的联系人当中，是否有人也会跟着加入批评。他解释道，用这个方法，就能"发现别人是不是在恨你"。在他身处的那种高度焦虑、充满诽谤的亚文化圈中，像这样的期待不太可能会落空，而在数字世界遭到排斥，就意味着失去社交。

在齐克这样的例子中，对数字世界便捷性和虚拟性的过度利用所导致的人格解体掏空了生命的核心价值，那就是：社会认同，带着同情心彼此关怀的能力，以及诚实地自我表达和分享的机会。

科技只是所有这一切的促成者，而非根本原因。在今天的数字领域，我们忽然兴起的最原始的欲望大多数能够得到满足，并且大多数人某种程度上也愿意这么去做。但是我们也需要彼此不再物化，无论是在网上还是在网下，都要找到接受彼此是“真正的人”的空间，在此人们值得彼此以礼相待。

匿名在此并不是一个无情的恶魔，就算知道某人的名字也不能保证他会有良好表现。相反，我们必须抵抗的是那种自利主义，它把所有屏幕中的互动——无论是不是匿名，无论是在虚拟世界还是在Facebook的朋友中间——都看作仅仅是为了得到其个人满足。这归根到底是社群的实力和健全程度的问题，以及它们如何将有效的自我规范与对公共标准的尊重融合起来的能力问题：社群能够由此自行维持秩序，但也知道什么时候应该诉诸权威。无论是哪一种情况，我们都必须分清界线。无论是在网上还是真实的面对面，我们成为什么样的人，必须得到别人的认可。

Play and Pleasure

第七章　游戏与娱乐

一

2006年，美国心理学家杰弗里·米勒在《种子》杂志上发表文章，探讨了所谓“费米悖论”的问题。这个问题首先是由意大利裔美国物理学家恩里克·费米于20世纪50年代末提出的。费米问道，既然宇宙如此巨大、历史悠久，潜在的适宜居住的星球如此之多，那为什么人类从未发现任何智慧外星生命呢？

对费米提出的这个问题，传统的回答包括外星生命很可能不存在，所有外星生命已经自毁——或者外星人确实存在，也发现了我们，但不想让我们知道。然而，米勒却提出了一个连费米自己也不太可能想到的理论：“我想外星人并没有自毁。他们只是玩电脑游戏上瘾了。”

在一个多世纪的时间里，科幻小说探讨了人造乌托邦的可能性：从赫胥黎的《美丽新世界》中完美人类的不祥版本，到菲利普·迪克的小说中提到的人形机器人和人工控制的情绪。然而，米勒所代表的这一脉对乌托邦的推测，却更令人感到隐约的不安。他指出，我们不太可能在尘世中建造出天堂，反而更可能在某一天选择全部脱离现实。

这种可能性看起来逐步在我们身边出现。美国游戏设计师、2010年出版的《破碎的现实》一书的作者简·麦格尼格尔说，现在人们每周花在电子游戏上的时间总共超过了30亿小时。这个数字只会有增无减。我们正在目睹人类的努力、注意力、关系和身份向专门设计用来娱乐和取悦我们的人造环境进行大迁移。

用美国经济学家、虚拟世界研究者爱德华·卡斯特诺瓦发明的词来说，虚拟活动和个人的生活满意度之间可能会面临“有害的沉溺困境”。也就是说，沉溺于虚拟世界确实能提供非常真实的愉悦感，但这种沉溺对人们的生活和社会整体却是有害的。

2011年8月，卡斯特诺瓦和德国经济学教授戈特·瓦格纳在《Kyklos》杂志发表了一项研究，名为“虚拟生活的满意度”。该研究比较了2005年“世界价值观调查”数据与2009年针对虚拟世界《第二人生》(*Second Life*)用户的调查数据，对比了诸如失业在内的真实生活事件和参与虚拟世界活动相对而言会如何改变生活的满意度。

卡斯特诺瓦和瓦格纳的研究结果中最令人惊讶的地方，不是玩《第二人生》提高了生活的满意度，毕竟这款游戏就是用来娱乐的，这一点你也可以预见到。最惊人的反而是玩该游戏时生活满意度的提高幅度。在关于幸福感的学术研究中，失业与低生活满意度是所有因素中相关性最强的。然而，玩《第二人生》所获得的生活满意度，几乎等于找到工作从而不再失业所获得的满意度。

作者指出，“这就引发了一些有趣的推测……‘搬家’到《第二人生》只需要一台电脑和网络连接（还要有空闲的时间，而失业人员有的是时间），既然两者对生活满意度的影响不相上下，有些人可能会很强烈地想逃到虚拟世界，而不去试图改变他们的真实生活”。

这项研究成果是一把双刃剑。一方面，它强调了对虚拟环境的用户而言，他们花在虚拟世界里的时间往往能带来丰厚的情感回报。但另一方面，它又把我们带回现实，与虚拟环境所带来的较高生活满意度比较，真实生活所要求的限制比较多。这就引发了如下的问题：我们是应该改善真实世界，还是抵制虚拟世界的诱惑？或者两者都要做？

二

“玩乐”的概念成为我们随处带有数字色彩的生活的一个象征，我们得以暂时逃离生活中存在的无尽问题，躲到能够提供确定性和解决办法的空间，从中获得了一种深层的愉悦。从 YouTube 到推特再到 Facebook，当我观察许多世界上最成功的网络服务时，常常觉得它们太像游戏了：以好友、联系人或消息的数量多少作为标准给予使用者的付出以奖励；有稳定和引人注意的动态及反应；还有合作和竞争的机会。当然，有时候我们必须长大，但这些好玩的机制仍然很吸引人。对我而言，这表明在某种程度上，数字游戏让我们得以窥视未来的需求和行为，以及这些空间的自由玩乐的本质是如何重塑我们对社会和彼此的期待。

这其中有一个有趣的概念，就是所谓的“玩乐劳动（playbour）”，它是由“玩乐（play）”和“劳动（labour）”两个词组合而成，描述了一种不断扩展的经济形式，即把真实世界的劳动投入到只存在于虚拟世界的商品上。

在这里，“存在”一词可能看起来有些问题。自从 2004

年《魔兽世界》推出后，我和我的妻子就开始玩这款网络奇幻游戏。我们游戏中的角色耗费了数千小时的精力，而这些角色携带的装备，是在几十名其他玩家的协助下，通过持续数周的冒险、探索和勇敢的战斗才赚得的。然而，这些虚拟角色只不过是游戏运营公司计算机系统中磁盘上的电荷而已，那么在什么意义上可以说这些角色“存在”呢？

对于这个问题，唯一有意义的答案跟集体信念（collective belief）有关。我在《魔兽世界》中的角色拥有与我的银行账户存款同样的价值，或者确切地说，它们的价值同样取决于信心和共识。全世界有超过 1000 万人付费玩《魔兽世界》。如果有一个美国玩家希望自己的角色配备一些厉害的装备，却又不想为此在游戏上花几百个小时，那么他就可以花钱去买别人付出努力闯关的成果；一个能力超群的角色的价格甚至超过 1000 美元。

满足这种需求的业务大多数没有得到游戏公司的许可，但其产值已高达几百亿美元，这恰恰证明了投入于虚拟环境的信念、时间和精力的价值。尽管花费数百甚至数千美元购买虚拟产品有些怪异（目前的纪录是 2010 年在游戏 Entropia

/ 那些太忙或缺乏耐心，自己无法在游戏闯关升级的玩家，甚至可以把这件事外包到中国，只要肯出钱，就有人愿意替你打怪。

Universe 中以 33 万美元售出的宇宙空间站），但是这仍然不无道理，为了获得最佳游戏所提供的情感体验，人们准备好了在玩游戏时要“工作”得更努力。

举例来说，许多最流行的游戏都跟简单明快的田园风光有关，比如农场、中世纪城堡、郁郁葱葱的草地，或者是涉及收割或交易之类的辛勤劳作，却省掉了令人疲惫之极的劳力，所有这一切都不是巧合。从制造令我们骄傲的产品，到团队合作成功应对挑战，现实生活中的许多工作却无法提供情感上的满足。相比之下，只需要简单熟练的努力就能立即获得有用并且吸引人的成果，即使只存在于虚拟世界，这种情况所得到的满意度丝毫不亚于亲自动手制作一个木碗或烤一条面包。

我不是那种会在虚拟世界花费或赚取真实金钱的人，每个月只是花少量的钱订购几次网络服务。但是，花 50 英镑购买一条名牌牛仔裤，或者拿这笔钱为网络游戏里的角色购买虚拟的设计师时装，我觉得这两种行为之间很难有什么区别。一个是实质有形的，一个是数字无形的。但是，它们都并非必要，而且那件虚拟的服装可能还更有用处，能带来更长时间的愉悦。

在这两种购买行为的背后，是相同的基本经济法则在起作用，重点不在于物品的内在价值，而在于物品的稀有、感觉、信息和展示在网络中占据什么样的地位。在这种情况下，说一个物品是“虚拟的”，这种描述可能就会造成误解。因为当我们开始认为拥有数据和像素就如同石油交易那样是一笔严肃的生意，那么对于虚假交易进行规范就越来越成为现实的需求，尤其是因为这些物品的制造、拥有和取得的方式与以往不同。在这里，集体信念才是要点，只有真正能够激发使用者信心的经济结构才能存活下来，如此一来，虚拟资产比所谓的“真实”资产更具有投资吸引力。

三

说到非现实，沉浸于虚拟的中世纪劳动生活不再是唯一的选择。在 20 世纪 80、90 年代，数字娱乐最激动人心的未来，似乎就是让人身临其境的虚拟世界。但是仅仅十多年之后，我们越来越清楚的是，网上娱乐的未来也许不那么像是《黑客帝国》，而像是更简单、更广泛的形式。

上文已经提及，史上最赚钱的网络角色扮演游戏《魔兽世界》在推出至今的7年间，已经吸引了1000万名左右的付费玩家。作为对比，还有一个非常不同的游戏，自从2009年12月发布，到现在已经成功地闯入了超过5亿使用者的生活：它就是《愤怒的小鸟》(*Angry Birds*)。

《愤怒的小鸟》几乎简单到极致。在一个可爱的二维卡通世界里，淘气的小猪从愤怒的小鸟那里偷走了一些蛋。你的任务就是帮助小鸟们重新夺回这些蛋，在固定的位置用弹弓把小鸟发射出去，摧毁几百关由小猪构筑的摇摇晃晃的防御工事。

这类游戏被称作"基于物理原理的游戏"，它的乐趣在于仔细选择发射的角度和力量，试图在有限的发射次数内摧毁小猪的防御工事并打爆小猪。用作发射弹药的小鸟有好几种，效果也不同，但除此之外，以上提到的就是该游戏的完整摘要了。如果是使用触屏设备，比如智能手机或平板电脑，你就需要用手指绷紧弹弓的橡皮筋，瞄准，然后发射。接着又是重复的动作，要重复成千上万次。

《愤怒的小鸟》是游戏科技发展最新阶段的产物，反映了以智能手机、平板电脑为代表的功能强大的移动计算设备的崛起。几乎一夜之间，电子游戏就不再是需要在昂贵的平台或电脑上运行的、自诩为“玩家”的专利。相反，它很快成了一项普遍的娱乐方式。

在上下班的路上，在等待会面的间隙，甚至是站在电梯或自动扶梯上时，哪怕只有短短几分钟的空闲时间，诸如《愤怒的小鸟》这样的休闲游戏也能给使用者带来吸引人的乐趣。它们为你赶走无聊；它们需要技巧，但只要你努力，就能得到回报。事实上，这一切正如杰弗里·米勒在2006年笔下所描绘的情景；他想象外星人追逐的是“像硬币那样闪闪发光的乐趣”，而非寻找宇宙中的其他生命体。无论是《愤怒的小鸟》还是《魔兽世界》，支撑一款优秀游戏的心理机制，在根本上与支撑大多数良好数字体验的心理机制相类似。

它们被限制在一个有限的范围内，现实生活的开放性和复杂性被某些更简单但又更强烈的东西所取代，这些游戏中有一系列有待解决的问题，或者一系列有待开展的行动，使用者只要处置得当，就一定能成功。在这个意义上，《愤怒的小鸟》确实是乌托邦，那里有一座一成不变的像伊甸园那样的草地、蓝天、小鸟和小猪。每一个玩家最终都能够熟练晋级，而且学会晋级的过程也基本上乐趣无穷。

用社会学的术语来说，《愤怒的小鸟》反映出一个所谓的“温顺”（*tame*）的问题。这个术语最早于1973年由社会理论家霍斯特·芮特尔和马文·韦伯在他们的论文中提出，温顺问题包括诸如国际象棋之类的游戏和大多数的数学命题，这些问题的特点在于，解题者掌握了所有必需的资料，并且从一开始就知道存在着一个最终的解决方案或制胜之道。

与此相对的是“淘气（wicked）”问题，这类问题无法确切地作出表达，或者不只有单一或明确的解决方案。每一个“淘气”问题都有自己的特殊情况，也与其他的问题纠缠在一起。一个国家或公司如何保持经济健康，或者在个人生活中如何选择最佳的行动方案，这些都属于典型的“淘气”问题。对于这些情况，唯一可以期望的解决方式，就是“温顺”问题的某些方面，把问题分解成不同的组成部分，然后再提出较好或较坏的解决方式。

这么说来，生活本身就是一个“淘气”问题。科幻小说中最棒的玩笑之一，是道格拉斯·亚当斯在《银河系搭车客指南》一书中所想象出来的，书中有一台超级计算机，能够给出“关于生命、宇宙与一切事物终极问题的终极解答”，那就是数字“42”。这个玩笑之所以好笑，在于那些能够以一个数字回答的问题，与生命所代表的非常不同的“问题”之间大相径庭，两者之间存在着严重的错位。认为生命（更不用说宇宙或者万物）就像国际象棋或《愤怒的小鸟》游戏那样有着一个明确的答案，这种想法固然有趣，但完全是胡说八道。

在玩乐的过程中，我们抛弃了“淘气”问题，而留下了“温顺”问题，这就是玩乐能够取悦我们的部分深层原因。从进化的角度而言，这也是玩乐对动物界如此重要的原因。游戏是一种安全状态，我们可以从中学习合作、战斗、速度和隐蔽的各种技巧。我们玩乐的目的是为了应用到生活实践，因为生活本身从不会给我们试一试的机会。在现实世界，时机只会出现一次——用捷克作家米兰·昆德拉的话来说，这就是“不能承受的生命之轻”。

四

可预测性和可重复性是数字领域最大的乐趣之一。每个人都能成为自己故事的英雄，并体验到进步和成功。那些感到无聊和受到疏远的人们，能够以现实生活中无法企及的简便方式来提高生活的满意度，或者逃离现实生活中无法忍受的环境。

在2008年11月的《卫报》上，英国小说家诺米·阿德曼描述了2001年她住在曼哈顿的时候，是如何靠电子游戏来逃避“9·11”恐怖袭击之后现实生活中难以承受的焦虑的。

阿德曼选择的游戏是《暗黑破坏神2》(*Diablo* Ⅱ)。在这个充满恶魔和亡灵军团的奇幻世界，玩家扮演英雄角色，可以与朋友组队，努力打败几乎永无止境的敌人。“我还记得玩了4个小时《暗黑破坏神2》之后，感觉就好像是在度假，”她回忆道，“能够忘记城市里确实存在着的恐怖画面，这令我心存感激。玩游戏的时候，我再也不会有在其他时候体验到的那种焦虑。这对我来说真是天大的恩赐了。”

沉浸在《暗黑破坏神2》这样的游戏世界里，或者其他精心设计的数字服务之中，现实生活中的一些最“淘气”的问题至少可以暂时地被较为“温顺”的体验所取代。而且，就像简·麦格尼格尔这样的作家和理论家们所指出的，这一原则还可以再进一步，我们能从最优秀的游戏和科技中获得教训，使得现实生活本身变得“更美好”。这就是说，我们可以从新科技及其丰富的行为数据当中，学到不少现实生活的奖励、参与、教育和团队合作等问题，这个过程可以用“游戏化（gamification）”来概括，虽然这个词的英文写法比较丑陋。

一个简单的例子是国内用电量问题：虽然这是一个乏味的话题，但只要涉及降低全球碳排放，这个话题基本上无法回避。有充分的证据表明，用实时显示用电量的电表替代标准电表，能够让人们更加在意不同家用电器的耗电量。一些游戏设计者和心理学家对这类反馈很有兴趣，利用在构建游戏过程中得到的专业知识，希望把它们应用到更多的层面。

比如说，依照时间不断地给人们设定各种任务和目标，能够增进他们长期的动力和投入程度；与邻居或社区成员分享信息和建议，能鼓励他人更加努力或采取更好的策略。此外还有更多的应用形式，比如为多种多样的努力和成就设立奖励积分，并且设定相应的可兑换的奖励、排行榜，以及教育和参考评价系统。马克·吐温笔下的汤姆·索亚早在1876年就已经明白，只要把精通刷油漆当作一项特殊的成就，那么甚至连油漆篱笆都能够吸引大家踊跃参加。

在上述例子中，这些心理体验并非新的发现。然而新鲜的是，数字科技能够使得这些洞见的运用变得更加精细化和自动化，世界上一些最成功的数字游戏和数字服务就是明证。

虽然这类心理体验并不能适用于所有情况，但我相信，我们能够看到与这些最吸引人的数字科技之间的对话正收获丰硕的成果，并且吸引人们更多地参与改善教育、环保意识和政治参与等议题。特别是论及学习方面，就新生代“数字原住民”的习惯和技能而言，我们业已看到，借鉴于游戏的课程，迟早会改变教育系统的包容性和有效性。

我们人类这一物种进化了数10万年，才找到某些令人满意的东西。今天，我们已经开始参与一种非凡的逆向工程：构建人造的世界，这个世界可以吸引我们，取悦我们，让我们摆脱自然界的种种复杂和挫折。这个过程令人类的潜能提升到令人难以置信的程度。总之，我们的能力绝对是今非昔比。就个人而言，我们的视野是一个世纪之前所无法想象的。

但是，我们的潜能又很脆弱；而且我们必须正视这样的现实：在我们创造出的“温顺”领域中，并没有能够解决生存问题的完整答案。实现某种完美在《愤怒的小鸟》这类游戏中是可能做到的，只要花费足够的时间和精力，全球几亿个玩家都能在每一关获得最高的三颗星。但在现实世界中，我们没有、也不可能达到这样的结果；而如果我们习惯期待这样的结果，或者无法找到有效的策略来应对生活中的种种“淘气”问题、毫无回报以及一时的悲哀，那我们必将深陷麻烦之中。

The New Politics

第八章　新型政治

一

美国的茶党运动（the Tea Party movement），创立于斯堪的纳维亚半岛的、反版权的盗版党（Pirate Party），以及全球性的抗议团体“占领”（Occupy）运动，它们之间有什么共同点呢？至少，它们之间没有多少意识形态上的共识。但是，所有这些都代表了一种近几十年来兴起的新型政治：基于观念和意识形态如病毒一般的快速传播，政治活动的形式更像是加盟连锁店，而非传统的自上而下的政党运作方式。

要参加这些活动，你只要查看其意识形态的标准是否与你要的相符，利用数字或传统工具组织好你的行动，然后就可以一起高举该运动的旗帜了。活动也许会有领导者，但没有单一的指挥链。运动所憎恶和反对的对象一般是清楚的，但能够向世人表明的做法却要模糊得多。

英国作家、哲学家任·雷诺兹比喻说，这些政治走向就像河流中的波浪，它们得以存在的物质（即流水本身），就是数字互联时代的新型政治。

由于我们之间的相互连接越来越紧密，我们开始以新的方式来接触政治。过去半个世纪以来，正式党派成员人数和投票率在大多数发达民主国家持续下滑。调查公布的对政治人物的信任度接近历史最低点，而反映公共政治辩论的传统媒介——报纸和广播公司——也不再让公众感兴趣。虽然如此，查阅头条新闻，你却能够常常看到许多互不相干的人在一起推动政治活动：可能是针对某一不公事件爆发的全球性抗议，也可能是邪恶组织在散布恐惧和异议。

本书写作之时，正值2011年岁末，纽约和伦敦市中心都爆发了反公司的“占领”抗议运动，由于得到了传统媒体和新媒体的共同关注，这一运动同时得到了世界上900多个城市的模仿，涉及的国家从洪都拉斯和玻利维亚到德国、日本、塞尔维亚和印度。根据《团结原则—工作草案》(它被列在发起者美国“占领”运动的网站之上)，这一运动要“敢于想象一种新的社会政治和经济替代方案，为实现平等提供更大的可能性”。

该网站还为那些有兴趣在其他地方作出响应的人们提供了一份“发起全体大会的快速指南”。这份热诚很容易受到嘲笑；但是相比大多数传统的主流政治议题缺乏人们普遍和正

/ 占领西雅图：世界政治秩序变动的另一道涟漪。

面的投入，该运动参与者所表现出的热情，大量的评论、辩论和实用的专业知识，这一切确实令人深思。《时代》杂志把“占领”运动的“抗议者”评选为2011年的年度人物，这并不是毫无道理的，“因为他们把最古老的方法与最新的科技结合起来……在21世纪，把地球带上了一条更民主、尽管有时也更危险的道路”。

就像其他领域一样，不同政治经验之间的界限被新科技彻底地改变。21世纪的公民能够通过数字技术接触和参与成员人数达几千甚至几百万的团体。“政治”不再是与己无关的事，反而成为日常生活的一部分。我们是否感受到自己的参与，这很大程度上无关紧要：就像积极行动一样，“忽视”也有其政治意义。当关于地方政府、纳税、投票和个人资料的一切事物逐渐移入全球数字网络，那么无论是采取行动还是选择不作为，它们的政治风险都在稳步上升。

二

自从1989年开放商用互联网和创建万维网以来，数字媒体就逐渐从仅仅报道时政，转变为积极协助创造政治。今天，从全球政治抗议到维基解密（Wikileaks）和全球黑客团体“匿名”（Anonymous）组织的冲击，权力平衡正以惊人的速度加以改变，对于那些在大多数历史时期垄断了知识和组织工具的少数人而言，他们手中的权力正在加速流失。

但是，相信只要有互联网就会有自由民主，这一诱人的想法实际上没有正视情况的复杂性。数字工具确实能增进许多类型的自由；但现实情况绝不简单，有时也不太可能引发革命或大规模的改革。

这其中，也许最大的危险不是冷漠，而是天真，也就是没能完全把握住我们支配的工具的潜能和缺陷。想想隐私和网络安全问题。现在我们每个人都会留下一连串数字足迹，并且永远无法消除，这个简单的事实在立法和伦理上都提出了深刻的问题，但在处理这些问题方面，大多数国家都落后了许多年。

网上隐私究竟意味着什么？一旦将各种各样的信息发送到网上，我们应该行使怎样的控制权？这是许多立法者和公民都没有准备好要作出回答的政治问题。除了对几种最明显的犯罪行为进行定义之外，我们作为消费者和公民在数字空间享有的“权利”的含义在法律上还相当不完善；而且要将现存的法律模式扩展至互联网上的跨国空间是非常棘手的事，特别是涉及财产的所有权和安全性问题时，因为网上物品只不过是电子数据云里的资料而已。

任何全面性的立法都要耗费好几年，甚至几十年时间。在此期间，普通用户和企业责无旁贷，两者必须协商该如何确保数量不断增加的个人信息能够得到妥善保管。此外，我们还必须考虑我们在数字空间的其他行为（从社交网络留言到收发电子邮件和上传文件）将依据何种符合法律要求的评判标准。

毫无疑问，这些问题已经成为现实的政治议题。在 2011 年 8 月英国发生骚乱之后，有两个人因为分别在 Facebook 上煽动在诺斯维奇镇发起骚乱而被判入狱 4 年，尽管没有人实际参与，也没有造成实际损害。但法官指出，“由于谣言造成民众预期暴力蔓延”，他们造成了“当地社区的恐慌和强烈的反感”，这很像是另一种我们更熟悉的故事的奇怪翻版——由于组织政治活动或传播信息，有些“好”的反政府示威者为此被政府投入监狱。

三

显然，在数字政治议题的讨论上，我们需要快点成熟起来，至少要确定真正重要的问题。正如耶夫根尼·莫洛佐夫在他 2011 年的著作《网络错觉》中所说：“我们指望科技幻想家带领我们进入更光明的数字未来，但他们擅长解决的可能不是这一类的问题……因为互联网是这些幻想家们唯一拥有的锤子，所以也就无怪乎他们会把每一个可能的社会和政治问题都视作钉子。”莫洛佐夫指出了十分重要的一点：如果真的还有希望，那么这个希望不是孤立地考察科技本身就能够得到的，而是要把科技作为其赖以运行的特定社会和文化舞台的一部分来考察。

当涉及新科技对政治本身产生的直接影响时，我们首先必须要问，数字网络究竟为什么样的新型政治活动提供了可能，并且哪些旧的政治活动被数字网络推进到了新的高度，哪些却因此变得越发无关紧要。

这里有三个关键因素：一是个人有能力记录身边发生的事以及自己相信的事；二是这样的文档可以便捷地分享和传

/ 老大哥是不是在看着你？还有你的 Facebook 账号？

播；三是各种形式的活动能够轻易地组织起来，并且这些活动本身也可以被记录和被传播。

美国学者吴修铭（Tim Wu）是这个领域全球最重要的思想家之一。他在2010年的著作《总开关：信息帝国的兴衰变迁》（*The Master Switch*）中指出，媒体的历史，通常是从开放走向垄断。20世纪初，无线电的诞生给美国和其他地方燃起了希望，认为这项技术将把世界引入一个空前民主参与的时代。但是实际上，在20世纪20至30年代，无线电却从"一个广泛开放的媒介"转变为一桩"由无线电托拉斯所主导的庞大生意"：经济因素消灭了各种可能性，通过这一新兴媒介实现言论自由遭到了严重限制，其程度比任何政治手段尤甚。

在谈到互联网时，吴修铭指出，互联网的情况与印刷、电视或广播都不同。互联网有其独特的设计——"重点是人类如何增强这个系统，而非该系统本身"——意味着我们所创造的是"一个去中心化的网络，并将一直保持下去"。但是"对互联网施加政治命令和控制"并非不可能，只不过比控制其他媒体困难得多。

如果独裁政权有自知之明，就确实会集结足够的力量去压制大多数的数字抗争，甚至将数字抗争扼杀在萌芽状态。同样，发生方向性错误的立法和企业的恶意操作，也可能抹杀互联网因为开放性而表现出来的许多优点，或者驱使寻求安全和便捷的消费者直接落入审查者和垄断者的掌控。这些情况会不会发生，取决于我们、我们投票选举出的人，以及向我们收费允许接入网络的人，对此有多少程度的警觉。

吴修铭总结道：

> 互联网并不像大众所想象的那样是一个可以无限伸缩的幻象。相反，它是真实的物理实体，可以被扭曲和破坏。因为虽然网络设计的目的是为了将用户以平等的地位彼此连接，但它总是需要依靠数量有限的物理连接和交换器，无论是有线还是无线，而这些数量有限的设备也必然依靠数量有限的公司来运营，所有这一切都得仰仗这些公司是否表现出善意的行为。

对这些全部的后果，我们接受得越早越好。支撑数字文化的开放性结构与现存的政治和商业系统之间的互动常常并不顺利，对个人和世界来说，只有当所有的参与者都拥有平等的力量和知识，在协商的过程中捍卫各自的立场，那么最好的结果才有可能出现。

然而，从全球视角来看，也许最终收获这一进程成果的主要不是有钱人和当下的精英，而是那些历史上从未站在发展前列的国家和人民。正如近来中东和南非的崛起所表明的，最热切地拥抱数字时代种种可能性的人们并非是数字时代的先驱者，而是抓住机会跨越式实现科技世代并因此获益的那些人。

以印度为例：这个国家没有类似于美国社会保障系统或英国国民保险的制度，在12亿人口中只有3300万人缴纳所得税，只有6000万人持有护照。2011年10月《纽约客》杂志报道说："印度政府对几亿民众几乎视而不见……他们无法方便地开设银行账户或者购买手机SIM卡，无法获得政府本应提供给他们的服务。"

印度政府正试图通过一项庞大的数字计划来改变这一切，计划为每一个印度人分配一个随机选取的、唯一的12位数号码，并且连接其生物识别信息，包括照片、指纹和视网膜扫描。

负责该项计划的是南丹·尼勒卡尼。尼勒卡尼于1981年创建了印度软件公司印孚瑟斯（Infosys），现在公司的市值大约为300亿美元。尼勒卡尼发起的这项计划备受争议，在资金筹集、可靠性、个人隐私安全、可行性以及该项计划与国内其他身份登记系统之间的兼容性等诸多方面，越来越引起印度国民的担忧。

截止到2012年3月，该项得到官方授权的计划已经登记了2亿人的信息，在本书写作期间，该计划还在稳步发展。它为数亿印度人提供了与政府的新型关系，这种新型关系基于身份认证的基本原则及其带来的社会利害关系。然而，这样的计划也引发了人们的隐忧，比如可能会造成资源的极大浪费，或者削减公民的自由。

四

发展中国家正在通过数字科技实现各种各样的转变，只要观察一下就会发现，尼勒卡尼的远大抱负及其困难也遵循着类似的模式。这种模式为数百万人提供了新型的参与和获取的形式；但同时危险也如影随形，贪腐、自私和能力不足的少数人会觉得有机可乘。

尽管如此，但还是有许多值得称道的事，而且改变的速度和规模都很惊人。今天，手机银行、手机交税甚至手机投票在中南美洲国家已十分普遍。由于可以使用移动设备获取价格和市场信息，农业和贸易也发生了巨大的改变。

只举一个实际的例子吧。1999年前，孟加拉国还没有现代移动通信网络，但是到2010年，该国差不多实现百分之百的“虚拟”渗透率了，也就是说，在孟加拉人的日常生活中，没有哪个人不通过家人、朋友或社区进行移动通信。同时，非洲现在有超过6亿的移动电话用户，比美洲和欧洲的用户数都多。

这里提到的数字科技既强大又灵活，能够满足各种需求，也便于与最基本的生活条件和需求进行整合。这恰恰与新科技对发达国家的政治影响（常常令人联想到奢华、自我放纵和疏离）相反，之所以会出现这种现象，是因为发达国家的政治是根植于社会的最底层，而不是自上而下地施加，因此也更加具有活力。

随着科技在全球各地打破既有的何谓“政治”的观念的过程中扮演着越来越重要的角色，在拥有新形式的连接和身份之后，希望产生新形式的政治参与和整合就绝非是天真的幻想。此外，在支撑着这一科技的开放式结构中，我们还拥有一份朝气蓬勃又独一无二的资产，不仅现在有用，而且可以传承。

就像传统的政治舞台，这些铸就了新型政治和社会契约的数字空间自身也必定充满着冲突、谈判和妥协。为了共同成长，我们必须准备好捍卫自己在这些空间中的自由，包括表达和抗议的自由，在获取资源方面的平等和开放，以及个人隐私和信息的所有权。

所有这些领域都迫切需要良好的立法和规范。然而，最终塑造我们政治未来的力量是会随时流动、高度转移的，前所未有地散布于彼此重叠的社群、运动和利益团体之间。单一而集中的解决方案无法拯救或保护我们。我们必须协商新的条件，探讨新的包容方面，但只有所有各方都能够拥有足够的知识、抱负，并且信任彼此采取的行动，这一切才可能达成。

结　语

在本书中，我探讨了相互交织的8个论点，从个人对时间的体验，关注和分享，到与这些论题有关的各种结构（也就是新兴数字科技所隐含的文化、政治和伦理价值观），由外而内地进行了分析和讨论。关于如何在数字领域茁壮成长，我希望自己已提供了有益的结论。

我相信，如果我们希望理解当下，就必须关注我们的体验本身，而非创造这些体验的工具。我们必须珍惜那些最美好的体验，但也要在生活中开辟一块没有科技的空间，并控制我们的注意力，有意识地分配时间，而不是任由永远开启着的数字设备主导每时每刻的生活。这意味着我们要在思考和行为的习惯之间找到一种平衡，并且相信完全有可能采取不同的思考和存在形式来抵抗持续连线所带来的压力。

我们也必须理解我们所使用的数字工具和数字

服务的相关历史，并且像批判其他人造物品一样加以批判，而不是视作理所当然地一味接受。我们不仅要学会分享，还要学会好好地分享，在参与数字活动时，要秉持诚信，从而让别人也诚信以对。我们还必须比以前更加努力，找到时间和方法去实现完整的自我，善于利用现在和过去的丰富文化，还要回避人云亦云所造成的压力。

我们拥有的这些数字工具用处很多，看似很容易使用，而且不会有什么不良后果。在利用和滥用他人（或至少是他人的数字影子）方面，在纵容偏见和谎言方面，我们从未像现在这样无拘无束，而在性欲、工作或创意方面，我们也从未像现在这样只剩下条件反射式的反应。

这类自由有其诱人之处；但在我看来这并非网络唯一的未来，也并非数字时代深层架构的体现。尽管存在不完美，局部也有问题，但是这个世界现在拥有了一个空前开放和平等的信息分享系统以及大量的机遇。至今，还没有任何国家或组织有能力控制网络，也没有任何一项服务或趋势能够占据我们所有的数字体验，无论其吸引力或说客是多么强大。

保护和协商这种开放性的未来是每个人的责任，这需要在政府、公民、企业和协会之间建立全新的关系。并非所有的利害关系都同等重要。有些地方已经有了长足的进展，但也有许多巨大的机遇才刚刚开始显露。

尽管数字科技可以充当特权阶层为所欲为的工具，但事实也证明，对于那些拥有最少资源的人们而言，它是一台带来巨大改变的发动机：它使得他们首次能够参与国家和商业的运作，以及第一次能够融入文化、创新和思想等更广泛的领域。

理解和规范这个共有的舞台，是人类历史上又一次面临的同样艰巨的挑战，在这个舞台上，有几十亿而不是几百万的演员，并且登台表演的人数还在不断增加。但在这里，我们最大的问题和最有希望的答案纠结在一起，在网络社群中，我们可以找到各种专业知识和指引，还可以参与全世界富有启发的先例。我们在数字世界中的自我也许非常容易受到伤害，但只需点一两次鼠标，我们就能够得到帮助——假如我们知道如何看待以及向谁求助。

最后，还有关于我们本性的问题，以及我们自我取悦和分散注意力的新能力，将会把我们带往何

/《雅典学院》：平衡生活所需的永恒教益，但里面可没有 iPad。

处。科技能够成为一种乐趣，也是一条通往行动的道路；但它也有可能使周围的社会和个人生活失去平衡。为了富有成效地处理这两种可能性，我们必须区分数字自由与真实生活的差别，前者带给我们"驯服"的、自成领域的空间，后者却让我们常常面临需要解决的问题。这两者无法相互取代，任何一方的成功经验也无法套用在另一方。但是我相信，我们至少可以学会如何"驯服"某些部分的真实世界，以及如何更好地吸引现在和未来的人们。

所有这些论点和信念都是以人为本，而且我相信这是茁壮成长的根本。唯一能够衡量我们成功的是我们自己；但这种尺度绝对无法做到精确地量化。

两千多年前，亚里士多德用"**eudaimonia**"（希腊语，意为幸福、活得很好）这一概念来描述人类的繁荣和兴旺。"**eudaimonia**"并非指物质上的成功或肉体上的愉悦，而是指拥有最全面感受的人类生活。从词源上来看，它来自两个词的组合，分别是"好的"和"守护神"的意思，就如同受到了神灵的护佑。

在确定"**eudaimonia**"的本质时，亚里士多德用了另一个相关的概念：**areté**，意为美德或卓越。

要想成为最好的人，就意味着在最高形式的人类成就上实现卓越。亚里士多德指出，最高形式的人类成就便在于美德和理性的领域，这也是所有造物中人类所独有的。

今天，在面对如何才能茁壮成长的问题时，道德沉思的生活对于大多数人而言，不太可能是一个令人满意或者可行的答案。但是，关注科技在最近以及未来的状态，我们会清楚地发现，人类最杰出的成就和潜力仍然存在于精神方面；而任何这一方面的卓越成就，都与我们的理性和美德紧密相关。

唯一能够衡量我们成功的尺度是我们自己，这句话还可以换一种说法：唯一能够衡量彼此成功的是我们自己。我们的身份就如同文字一样，如果离开了其语境，就没多大意义。我们也不断地与自己协商、再协商。

今天，这个协商再协商的过程，在不断变化着的数字世界集合体中正发挥着全新的作用。理性——亚里士多德所宣称的仅属于人类的特性之一——现在同样成了我们工具的属性：我们创造了越来越复杂的机器，而它们也反过来帮助重塑我们自己。然而，这个过程并不一定会贬损我们的价值。

我们反而会更进一步去探询究竟是什么让我们成为独一无二的人类，又是什么令我们彼此相依。

美国作家布莱恩·克里斯蒂安是一位精通亚里士多德的作家，在其2011年的著作《最具人性的人》中写道："如果有什么是人类自古代以来就有的罪恶，我觉得那就是自满和权利的心态。"这里的权利主要是智能上的，认为人类的心灵是独一无二的，在宇宙中有着不可撼动的特殊地位。

今天，我们受到了前所未有的挑战。我们受到机器迅速的逻辑运算和无穷容量的挑战；受到几十亿人的数字存在的挑战；受到比这个数字还要多出几十亿倍的数据量的挑战；以及受到在了解上述这一切之后，我们是否还认为自己依然是拥有不可撼动地位的独特人类的想法的挑战。但我们也拥有比任何历史时期都令人艳羡的行动和洞见的机遇。

要想茁壮成长，意味着要迎接这些挑战。我们能否胜任呢？并非所有人都能做到，也并非时时都能做到。在如今空前互联的时代，成功的奖赏和失败的代价都是前所未有的高昂。因此最重要的是，我们必须立即开始，开机，启动，再调整，共同去探索我们的未来。

延伸阅读

科技的发展太过迅速，我们很难知道哪些见解永远不会过时。以下这些作者和资源，为本书的写作提供了帮助，我希望它们也同样对你有启发。

引言

E.M. 福斯特于 1909 年写的科幻短篇《机器停止运转》，仍然是有关未来科技如何影响人类这一问题最为细腻动人的想象。

路易斯 · 芒福德于 1934 年出版的《技术与文明》，是第一本真正探讨科技哲学的著作，关于科技如何在我们使用时改变我们，这本著作仍然是重要的里程碑。

凯文 · 凯利的《科技想要什么》(2010）一书着重探讨了不同寻常的拟人化科技设备，并提出它“想要”我们干什么的疑问，是一本涉猎广泛并引人深思的著作。

科技现代化的圣经、图文并茂的《连线》杂志，对于那些热衷于了解未来的极客们（技术的狂热爱好者）而言绝对不容错过。

如果你想亲身体验一下数字未来，不妨去伦敦或纽约的苹果门店逛逛，看看那些顾客们充满景仰的表情。

第一章　从过去到现在

戴维·李维特写作的艾伦·图灵传记《知道太多的人》，记述了这位天才的计算机技术奠基人，以及当时的历史背景，还有图灵晚年骇人听闻的悲惨境遇。

掌握一些数学和哲学知识对于理解许多科技概念至关重要。多西亚蒂斯和帕帕蒂米图奥的漫画小说《罗素的故事》对于这两方面都有引人入胜的介绍。

麦克卢汉的《理解媒介》初版于1964年，很有预见地描述了媒介的泛滥对现代生活的意义，至今仍有巨大的影响力。

万维网发明者提姆·伯纳李所写的《一千零一网》，清晰描述了数字世界的演变史。

尼尔·斯蒂芬森的第三部小说《雪崩》于1992年面世，它想象了网络世界的未来，实实在在地影响到了后续的有关思考。

在近来所有关注未来的电影中，《少数派报告》所描绘的未来景象，可能是最令人瞩目、完全出乎想象的。

第二章　连线与离线

要寻求有关我们的创造物如何影响到我们的生活方面的恒久智慧，柏拉图的作品——在当时，连写作本身都还是一项相当新颖的科技——永远值得一再回顾，特别是《斐德罗篇》。

安东尼·肯尼的《西方哲学新史》第一卷，对柏拉图的著作和他的时代进行了简明扼要的概括。

马修·克劳福德的著作《自己动手的理由》对当代人热衷于复杂机器的潮流进行了真诚的抗衡。

在《技术的本质》一书中，布莱恩·阿瑟回到了这样的基本问题上：技术能为我们做到什么，又做不到什么，以及是什么在驱使它前进。

尼古拉斯·卡尔的《浅薄》一书为离线阅读的价值辩护，阐释了远离数字设备时所带来的深层次喜悦。

在 xkcd.com 的网络漫画中可以找到对于一切数字事物最为诙谐的批评，这一定会让那些想要跳脱思维框架的极客们捧腹大笑。

第三章　获取控制

谢莉·特尔克的《一起孤独》通过近距离的观察，描述了新兴科技对日常生活和我们彼此间的关系所产生的冲击。

作为 20 世纪理性怀疑主义最优秀的著作之一，卡尔·萨根的《魔鬼出没的世界》深刻揭示了人性的弱点。

本章引用到的约翰·洛克的《人类理解论》精辟地阐述了思维的本质。其中第十九章“论思维模式”与本书尤为密切相关。

生活骇客网（Lifehacker.com）在线提供如何“改造（hack）”自己的生活和获得生产力、增强注意力的建议。

对于那些希望在生活中重获遐思感受的人而言，蒙田的散文仍然是史上获得自由自在的精神生活的方法之一。

如果你想控制自己的写作历程，可以下载“黑屋（Dark Room）”之类的免费应用程序试试，它会关闭屏幕上所有令你分心的部分，只留下纯粹的打字区域。

要想有更好的数字深度，可以访问《巴黎评论》免费的网上档案馆，其中有对艾略特和温贝托·艾柯等作家的采访，网址为 www.theparisreview.org/interviews。

第四章　重新塑造科技

劳拉·斯奈德的《哲学早餐俱乐部》通过描述 4 个维多利亚时代杰出人物的生活，为我们所知的现代科学文化的发展提供了丰富的时代背景。

吴修铭的《总开关：信息帝国的兴衰变迁》描述了 20 世纪媒体和垄断的历史，详细地说明了开放、负责任的媒体结构的重要性。

肯·奥莱塔的《谷歌》和大卫·柯克帕特里克的《Facebook 效应》从圈内人的角度，讲述了这两家最重要的公司在过去 10 年间的故事。

沃尔特·艾萨克森写作的苹果已故执行总裁的传记《史蒂夫·乔布斯传》，对这位推动数字现状发展人物的一生，披露了一些令人震惊的看法。

关于流行文化作品和本土科技作品，便是博客网 BoingBoing.net 是全球最出色的在线资料库。

image.ox.ac.uk 提供牛津大学的出色的早期手稿（Early Manuscripts）服务，能够免费浏览数百份古代文献的精美扫描版，令历史呈现于你的眼前。

第五章　分享、专业知识，以及权威的终结

本章提到的两本书——罗伯特·莱文的《搭便车》和安德鲁·基恩的《网民的狂欢》——争议性地剖析了互联网对于经济和智识的负面影响。

在克莱·舍基赞颂新媒体秩序的《未来是湿的》和《认知盈余》中，读者能够找到对于分享和数字潜能更为正面的观点。

在讨论网络为什么不会造成智识的灾难、黑暗和愚昧化的原因上，写得最好的也许是史蒂文·约翰逊的《坏事变好事》。

亨利·简金斯的《融合文化》在探讨新媒体对高层和低层文化所产生的影响方面，仍然是经典之作。

对那些喜欢在网上详细阅读哲学思辩的人而言，

博客 CrookedTimber.org 会是最佳选择之一。

www.philosophybites.com 上的 Philosophy Bites Podcast 提供数百份免费收听的，针对当今全球最伟大的思想家的采访。它完美地阐释了网络是如何成为高级文化。

第六章　人性未足

有关情色信息和性的未来，《情色之地》提出了极有争议的观点。这是一本漂亮的精装书，由马丁·艾米斯撰文，斯特凡诺·德·路易吉摄影，它深入探讨了当代人的种种迷恋。

另一篇充满洞见的经典情色报告文学，是戴维·福斯特·华莱士的文章《大红色的孩子》，收录在《龙虾启示录》一书中。

在小说方面，伊安·班克斯的“文化”小说——从《菲尼基启示录》到《表面细节》——都超越了普通科幻小说的水准，对发达社会中可能存在的性行为的想象相当激进。

2008 年，英国政府以“让儿童在数字世界更安全”(Safer Children in a Digital World) 为题，举办了当年的拜伦评论 (Byron Review)，对于青少年数字文化中存在的危险和误区，提供了中肯又务实的评估。读者可以到英国教育部的网站上免费下载，网址为：www.education.gov.uk/publications/standard/publicationdetail/page1/DCSF-00334-2008。

要了解调情方面的个人自由和新奇形式，经典的虚拟环境“第二人生”（Second Life）仍然值得探讨，或者阅读相关著述。提姆·盖斯特的《第二人生》就是一个不错的起点。

第七章　游戏与娱乐

朱利安·迪贝尔的《玩钱》是已有的关于虚拟世界的著作中相当特殊的一本：它详尽地讲述了作者如何花一整年的时间完全依靠买卖虚拟物品从而赚取真正的收入来过活。

格里格·贝尔的《时间尽头的城市》是一部丰富却令人不安的幻想小说，探讨了未来文明及其自我毁灭的可能性。

在银幕上，1999 年的电影《黑客帝国》的第一部仍然是迄今为止有关虚拟现实的最精彩的想象之一；而相对较新的电影《源代码》则对虚拟现实提供了更多的情感色彩，但仍然惊心动魄。

想要了解一些开拓思想的关于虚拟世界的讨论或其他资料，www.terranova.blog.com 上的泰拉·诺瓦博客里可以找到各种专家看法和争论。

如果想亲身体验复杂的虚拟世界，可以玩玩《魔兽世界》，如果想更加投入，可以试试《星战前夜》。而《星球大战：旧共和国》也提供了一个精致华丽的数字环境可供探索。

要体验免费的网络游戏，最好是通过 Kongregate.com 这样的网站，里面有几千名业余爱好者，也是一个发言很活跃的玩家社群。

第八章　新型政治

如果想了解当代政治中的核心人类议题，可以参看罗纳德·德沃金的《至上的美德》，该书激进地主张将平等置于社会的核心。

对 21 世纪面临的巨大道德挑战，很少有人能比彼得·辛格在《你能挽救的生命》一书中表达得更好的了。

在打破有关数字科技和政治的乌托邦渴望方面，当代最优秀的著作是耶夫根尼·莫洛佐夫的《网络错觉》。

另一个有益的争论者是埃利·帕雷瑟，他的《过滤器泡泡》揭示了数据收集和定制化背后的政治。

科利·多克托罗的文集《来龙去脉》极为详实地描述了数字行动主义的最好的面貌。

所有在数字世界中探究人类本性的人，都应该经由经济学家罗宾·汉森的“克服偏见”博客（www.overcomingbias.com）去找寻一些挑战成规的东西。

结语

当涉及在当下怎么样才算好好生活时，理查德·何乐维的《无神论者的道德》仍然是探讨伦理问题的一个很有见地的起点。

在近年来最有哲学素养的科技著作中，布莱恩·克里斯蒂安的《最具人性的人》讲述了作者参与一次年度“图灵测试”的故事，该测试是想看看机器能否欺骗对话者将其当作人类。

杰伦·拉尼尔的《你不是个玩意儿》是一部简短而激情洋溢的作品，探讨了科技和人性的各自意义。

阐明在面对无限可能性时我们的理解力又是多么的贫乏方面，最伟大的小说之一是斯坦尼斯洛·兰姆于1961年创作的《飞向太空》。

作为令人目不暇接的注释的结尾，格雷格·伊根的科幻小说《散居》想象了改变宇宙的科技未来。

Notes